U0055936

圖解

零概念也能樂在其中！
真正實用的統計學知識

有趣的
生活
統計學

東京大學社會科學研究所教授
佐々木彈/監修
劉宸瑀、高詹燦/譯

01 02 03 04 05 06 07 ····· 98 99 100

前言

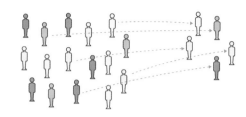

在聽見「統計」這兩個字時，各位讀者會想到什麼呢？說到「統計是什麼」，大多指的是下面這兩件事：

一是為蒐集資料所做的調查與觀測，以及調查所獲得的數據。不過，要是深信統計「僅僅如此」，將很難了解為何統計會與「機率」扯上關係。

我想說的是：這些觀測到的數據資料到底是「偶然」觀察得知的數值，還是「運氣好」才碰上的回饋呢？大量的人、公司、地點、時間點、個體、病症、狀況⋯⋯統計便是從這些條件資料中碰巧提取出來的紀錄。而這份「碰巧」明顯是一種隨機的東西。有時還會因為運氣不好，意外提煉出一些偏頗的數據。雖然也有這種可能，但統計學的目的是從科學的角度，探究這些偶然取得的數據說明什麼現象——這就是統計的第二個意義。

在不具備「專業技術」下，單純盯著這些有限的數據看，可無法明白這些偶然數據的弦外之音。可以說，這不過是「聞一以知一」罷了。

若是如此，那麼即使蒐集了大量的資料，也無法知曉其所代表的意涵——這正是「片面的真相」。然而像人口普查那樣從所有人身上蒐集數據的話，需要花費大量的時間與精力。當然，因其他目的

所蒐集的龐大且詳細的數據的確存在，如銷售點系統（POS）、交通運輸電子票證的交易記錄、戶口名簿及國民年金紀錄等；但這些資料含有許多個人資訊或企業機密，因此不得不限制存取訪問的權限。如果為了「知十」而「聞十」，就必然得支付相應的費用。

那麼，我們該如何「聞一知十」呢？答案是——利用相對容易取得的有限數據，把如何隨機從中抽選資料的過程理論化，並適當推斷出資料來源的整體面貌。

這正是統計學的「專業技術」。

以前曾有個廣告說「一流的廚師會選擇一流的原料」，但其實一流原料既昂貴又難以取得。就跟「聞十知十」一樣，這可說是一種仰賴資金與物資數量出頭的做法。相反地，儘管預算有限、食材也不稀奇，但卻能藉此塑造出令人難以置信的美味，這才是被稱為「超」一流的頂級廚師與其他人的區別。

擁有這套技術，就能在閱讀同樣的數據與情報時，挖掘出比別人更多的發現。衷心祈願本書對各位讀者而言，可以是一個稍微能觸及到統計領域這種「專業技術」的契機。

東京大學
社會科學研究所 教授　佐々木彈

目次

第 **3** 章 還想知道更多！**統計學的種種知識** ········· 159 ▼ 211

第 **1** 章

令人恍然大悟的
統計學
原理

統計被廣泛運用在我們生活中各式各樣的場合。
裡頭有哪些統計原理,而這些統計原理又是怎麼被使用的呢?
就讓我們從民意調查、颱風路徑預測和收視率調查等
統計活用案例中窺知一二吧!

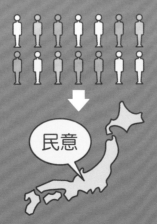

民意

統計是什麼？
有何用途？

原來
如此！

所謂的統計，就是蒐集並分析數據的過程，
主要用在「**把握總體狀況**」與「**推測整體局勢**」！

　　現代被稱為資訊社會。據說我們的生活周遭都有在使用統計，可話說回來，什麼是「**統計**」？

　　統計就是「**統括（將多種事物歸納整合）計算（調查）**」的意思，它是一種科學上的工具，用於判斷大量數據資料的趨勢。

　　統計的作用主要有兩種〔**圖1**〕。一是**蒐集數據，客觀把握其全貌**。以某所學校的學生身高統計為例，我們可從這些資料計算出各年齡或性別的平均身高，並藉此客觀掌握群體的傾向，像是「不同年齡的身高高度」等。這種從調查所得的數據揭示群體性質或特徵的統計，稱為「**敘述統計**」。

　　統計的第二種用途是**蒐集數據以推斷整體狀況**。舉個例子，調查日本人意識形態和想法的民意調查，便是隨機抽選部分民眾並查問他們的意見，再透過這些資料來推算民意走向。藉部分資料預測這類很難一一聽取所有人意見，也很難掌握的群體全貌，這種統計方式名叫「**推論統計**」。

　　統計學就是一種根據上述的「敘述統計」與「推論統計」來捕捉事物本質、推測事情全貌的學問〔**圖2**〕。

▶ 統計的功用是什麼？〔圖1〕

所謂的統計就是捕捉事物本質，推測事情全貌。

❶ 掌握全體情形

平均身高

蒐集數據，並將數據的性質整理成圖表等。

敘述統計 ➡ P12

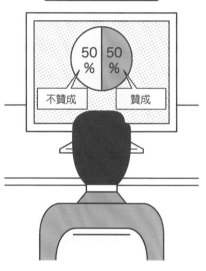

❷ 推測整體狀況

| 50% | 50% |
| 不贊成 | 贊成 |

以樣本數據為本，揣測母體全貌。

推論統計 ➡ P14

▶ 統計的分析方法〔圖2〕　統計會依下圖的方法來分析。

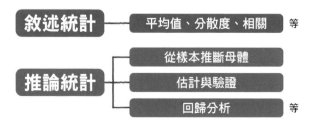

敘述統計 —— 平均值、分散度、相關　等

推論統計 —— 從樣本推斷母體
估計與驗證
回歸分析　等

02 統計告訴我們什麼？① 「敘述統計」的架構

[基礎]

 原來如此！

在以圖表呈現的「**資料視覺化**」中，
利用**平均**、**分散度**等方式明白群體的特性！

「敘述統計」，一種以數值來展現群體性質的統計手法。接下來就讓我們詳細了解一下其樣貌吧！

在**敘述統計**上，會去蒐集一些以數字或文字呈現的資料，像是學校各班考試成績、某個城市的全年氣溫與降雨量等數據。蒐集到的數據則是整理成表格或將其繪成圖表。這時的重點在於：依照數值大小、年齡等條件依序排列，或是將資料的性質與特徵整理成一目了然的圖表〔**圖1**〕。

隨後再從透過圖表**「視覺化」的數據資料中領會母體的各種性質與特色，並加以分析**——這就是敘述統計的基礎。典型的分析手法是「平均（➡P96）」及「分散（➡P102）」。〔**圖2**〕

舉例來說，只要知道某一班男學生的**「平均」**身高，就能對比其他班級的平均身高，藉此判定該班級男學生的成長狀態。然而，此時不論是49與51的平均值，還是0與100的平均值，都一樣會記為「50」——可兩者的數值卻天差地遠。因此，在敘述統計上，不能只看數據的平均，還要觀察數據本身的**「分散度」**，這一點很重要。

用敘述統計了解群體特性

▶ 資料的視覺化 〔圖1〕

❶蒐集資料，做成表格 想知道日本宇都宮市的天氣狀況，得先蒐集氣溫以及降雨量資料。

2019年宇都宮市的氣溫及降雨量

	1月	2月	3月	4月	5月	6月	7月	8月	9月	10月	11月	12月
氣溫(℃)	3.0	4.9	8.6	12.1	19.3	20.9	23.7	27.4	23.9	18.3	11.0	6.0
降雨量(mm)	4.0	28.5	83.0	117.5	158.0	288.5	186.0	209.5	156.0	520.5	91.5	24.5

❷把表格做成圖表

藉由繪製圖表，便能一眼掌握宇都宮市的氣溫趨勢或容易下雨的月分資料。

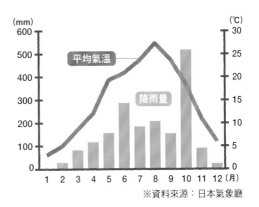

平均氣溫

降雨量

※資料來源：日本氣象廳

▶ 從圖表了解「平均」與「分散」 〔圖2〕

只要查看圖表，就能立刻知曉該群體的平均或分散度等特徵。

分散、變異數 ➡ P102

平均 ➡ P96

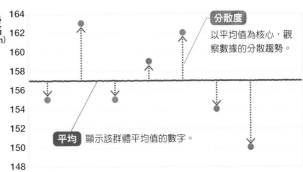

分散度
以平均值為核心，觀察數據的分散趨勢。

平均 顯示該群體平均值的數字。

令人恍然大悟的統計學原理 **第1章**

統計告訴我們什麼？②
「推論統計」的架構

原來如此！ 從局部資訊推斷全體情況！
樣本數多小都沒關係！

蒐集一個群體的部分資料，再估測該群體全貌的統計手段，稱為**「推論統計」**。

舉個例子，在調查「支不支持現任內閣」等選民意見（民意）時，有哪些方式呢？居住在日本的日本選民約有一億人，雖然向所有人一一探詢意見理論上是可行的，但這麼做卻不太實際。

在這類民意調查上，會聽取部分人士（樣本）的意見並加以匯總，推定這些意見傾向為全體日本人（母體）的意見，再以民意的形式公布。**推論統計是一種從部分事實考察整體特質的手段**，這種調查稱作**「抽樣調查」**〔**右圖**〕。

數據的提煉名為**「擷取」**，擷取出的數據叫做**「樣本」**，抽樣調查就是在利用這些樣本來推測通稱**「母體」**的整體情況。此時擷取出來調查的樣本量（在單次抽選中所查驗的個體數量）可能少得驚人。

在上述的民意調查裡，是透過幾千人左右的樣本量推測約一億住在日本的選民的意見。收視率調查也是如此，日本關東地區約1,800萬戶人家的收視率，是靠調查2,700戶人家來估算的（➡P18）。

推論統計：由部分事實推斷全貌

▶從一部分的數據推測全體狀況的抽樣調查〔圖1〕

從要調查的群體中，擷取一部分的數據資料，便能藉此估計整體的規模（➡ P108）。

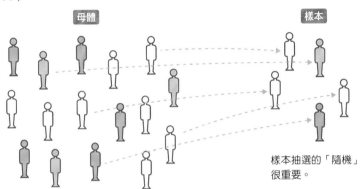

母體　　　　　　　　　　　　　　　　　　樣本

樣本抽選的「隨機」很重要。

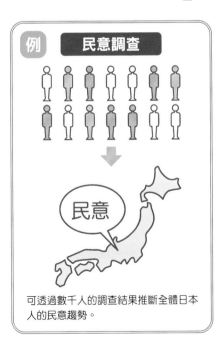

例　民意調查

民意

可透過數千人的調查結果推斷全體日本人的民意趨勢。

例　收視率的計算

收視率20%

藉由監測部分家庭的電視收視狀況來計算收視率。

「顧客中有醫生」

1

日本人之中
平均有幾名是醫生？

從日本人口與醫生總數算出每人所對應到的醫生人數。

全日本有 $\dfrac{1}{385}$ 是醫生

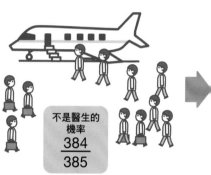

2

計算乘客之中
沒有醫生的機率

先計算欲搭乘飛機的乘客中，沒有人是醫生的機率。

不是醫生的
機率
$\dfrac{384}{385}$

在飛機等處突然出現病人時，可能會聽到服務人員廣播詢問顧客「有沒有醫生在場？」，這種「緊急呼叫」的情況，想必有些人曾在戲劇上看過，但實際上醫生搭到該交通工具的機率有多少呢？這邊我們先以國內航班為限來估算。

在這一節要思考的，是**飛機上乘客中至少有一名醫生的機率**。依照日本厚生勞動省（相當於台灣的衛福部）的統計，日本的醫生人數共有32萬7,210人[※]。同一時期的統計資料顯示，當時日本的人口為1億2,644萬3,000人，因此大概385個人中會有1人是醫生。

換言之，從日本人裡面隨機挑出一個人時，選出來的這個人有385分之1的機率是醫生。

※資料來源：日本厚生勞動省〈平成30年（2018年）醫生、牙科醫師及藥劑師統計概述〉

的機率是多少？

飛機上
沒有醫生的機率是？

先計算飛機上的乘客之中沒有任何一位醫生的機率

$$\left(\frac{384}{385}\right)^{250} = 約52\%$$

飛機上
有醫生的機率是？

最後得出機上乘客至少有一名醫生的機率。

$$100\% - 52\%$$
$$= 約48\% \quad 是有醫生的機率$$

　　接著，讓我們反向思考一下，也就是先求出**「機上乘客沒有一位是醫生的機率」**。

　　假設飛機可乘載250人，那麼一開始的乘客A有385分之384的機率不是醫生，接著乘客B也有385分之384的機率不是醫生……類似這樣不斷計算下去。這時，「乘客A與乘客B都不是醫生的機率」將藉由乘客A與乘客B的機率相乘得出。

　　於是，把385分之384的機率以250人的次數相乘以後，發現「機上乘客沒有任何一位是醫生」的機率約莫是52%。用100%減去這個數值，便能算出**「在乘載250人的飛機上，至少有1名醫生的機率」是48%**。

令人恍然大悟的統計學原理 **第1章**

04 如何計算電視的收視率？

[基礎]

原來如此！ 利用推論統計的「**抽樣調查**」，
藉由**調查家庭的幫助**加以估算！

有個大家都很熟悉的統計實例，那就是電視收視率。收視率是用什麼方式調查出來的呢？

所謂的收視率是一種指標，用以表現「裝有電視機的家庭中，觀看某節目的比率」。收視率的調查會基於人口普查的家戶數資料來進行。按地區劃分後，再隨機抽選欲調查對象家庭，抽選時要盡量避免樣本的偏差。

這些調查對象的家庭安裝了專用的機器，會以秒為單位自動測量和統計該戶人家所收看的電視節目，並將其比率以收視率的方式呈現。以日本關東地區為例，調查者會從約1,800萬戶人家（母體）中擷取2,700戶（樣本）來調查收視率。雖然能否從這麼少的對象家庭調查整體收視率這一點令人驚訝，但從「**抽樣調查**（➡P108）」的概念來看，這樣的數量足夠我們推斷出群體的性質了。

收視率是根據抽樣調查計算的數值，因此會依調查對象家庭的數量（樣本數）而產生誤差。當關東地區約1,800萬戶人家（母體）的家庭收視率達到20%時，由於實際調查的戶數（樣本）為2,700戶，所以在**統計上的誤差**會有±1.5%。因此，真正的家庭收視率是「20%±1.5%」或「18.5～21.5%之間」才是正確的解讀方式。

收視率的數值存在誤差

▶ 收視率的調查機制

日本是先將全國分成關東、關西、名古屋、九州北部、札幌等32個地區，再去抽選調查對象家庭。會運用名為「抽樣調查」的手段來調查收視率。

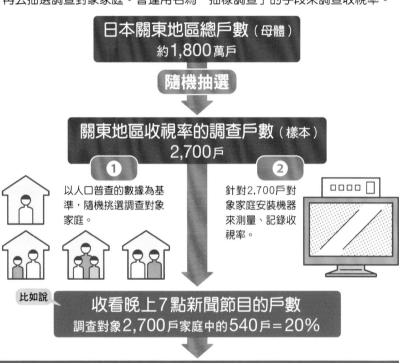

日本關東地區總戶數（母體）
約1,800萬戶

隨機抽選

關東地區收視率的調查戶數（樣本）
2,700戶

1 以人口普查的數據為基準，隨機挑選調查對象家庭。

2 針對2,700戶對象家庭安裝機器來測量、記錄收視率。

比如說

收看晚上7點新聞節目的戶數
調查對象2,700戶家庭中的540戶＝20%

從右方算式可得出
統計上的誤差＝±1.5%

可信度95%時 ➡ P118

計算誤差的方法

$$誤差 = \pm1.96 \sqrt{\frac{家庭收視率(100-家庭收視率)}{樣本數}}$$

$$= \pm1.96 \sqrt{\frac{20(100-20)}{2700}} = \boxed{\pm1.5}$$

推算出家庭收視率
20%（±1.5%）或18.5～21.5%

※ 參考日本收視率調查公司Video Research Ltd. 的官網製成。

05 颱風預測圖的圓圈是怎麼畫出來的？

[實例]

原來如此！ 圓圈就是預測圈，表示颱風中心有70%機率進入的範圍！

其實，統計學也被用在颱風的路徑預報上。

日本氣象廳會發布最多5天後的颱風路徑預報。白色虛線名叫**「預測圈」**，表現**該颱風中心預計有70%機率進入的範圍**〔**圖1**〕。這是**區間估計**（➡P118）的一個實例。此外，預測圈逐漸變大並不代表颱風範圍變大，而是**隨著未來預報颱風中心位置的誤差增加而擴大預測圈的範圍**。

以前預測圈會根據過去5年內的颱風預測資料統計計算而成。不過現在日本氣象廳會透過氣象預報也有用到的**「數值天氣預報模式」**算出颱風路線，再結合國外氣象局的氣象預報，好幾種預報的系集提高了不少準確性〔**圖2**〕。

當然，既然有好幾種預測值，路徑的預報也會有所分散。預報分散的範圍愈小，颱風預測圈愈小，其路徑預測的精準度就更高。相反地，預報分散的範圍愈大，預測圈也會愈大，精準度就降低了。

順便一提，日本氣象廳有公布颱風實際中心位置與預報的誤差，而2019年24小時颱風預報的年平均誤差為80公里，5天後預報則是約370公里。預測未來似乎很有難度呢。

依據多種路徑預報繪製預測圈

▶ 颱風的預測圈 〔圖1〕

颱風路徑預測會以白色虛線的預測圈呈現。日本氣象廳會公布未來5天的路徑預測。

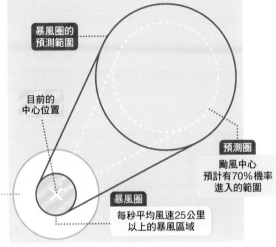

暴風圈的預測範圍

目前的中心位置

預測圈
颱風中心預計有70%機率進入的範圍

七級風暴風圈
每秒平均風速約15公尺以上的暴風區域

暴風圈
每秒平均風速25公里以上的暴風區域

▶ 颱風路徑預報 〔圖2〕

蒐集日本氣象廳等各國氣象局的颱風路徑預報，在颱風中心位置有70%機率進入的範圍訂定預測圈範疇。預測圈的大小依預測值分散狀況而定。

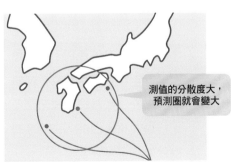

如果預測值的分散度小，預測圈就會變小

測值的分散度大，預測圈就會變大

術語 Column

【 數值天氣預報模式 】
是什麼？

根據物理定律，以電腦計算大氣的移動與變化。這是一種預測手段，會從觀測到的當前大氣狀態，一步一步地預測1分鐘後、1小時後以及1天後的未來大氣動向。

令人恍然大悟的統計學原理 第1章

06 「國勢調查」是
[實例] 什麼樣的統計調查？

原來如此！ 調查全國民眾的「**全面普查**」，
會成為各種**統計的參考數據**！

　　日本每五年進行一次「國勢調查」。這雖然也是統計的一個例子，但它究竟是什麼樣的調查呢？

　　國勢調查是一種人口普查，展現出居住在當地（此指日本）的是什麼樣的人。以日本來說，「**全面普查**」不論國籍，只要在日本居住三個月以上的人（或預定居住的人）都是其調查對象〔**圖1**〕。國家或地方政府非常重視這種普查，法律甚至規定人們在全面普查時有義務予以回答。

　　「全面普查」如其字面上所述，因為是調查所有住在日本的人，所以不會像抽樣調查那樣出現誤差，會精確地將性別、年齡、職業、家庭結構、居住時間等資料數據化。

　　因為是精確數據化後的資料，所以**被拿來當立法或行政服務的依據使用**（稱為「常住人口」）。像是用在估算提供該地區居民們行政服務所需的經費（日本地方交付稅的推估）上，或是判斷選舉時那一票的公平性（計算日本國會單一選區的選區劃分和議席數量）等，可說是一份直接影響到日本國民生活的數據。

　　另外，**國勢調查還是其他統計資料的標準**。例如在繪製估算現今人口與將來人口的人口金字塔〔**圖2**〕，或是收視率調查這種由民間機構執行的抽樣調查（➡P108）上，國勢調查的人口統計都會被拿來當母體的基底資料（稱作「基準」）。

▶ 全面普查與抽樣調查的區別〔圖1〕

全面普查會調查所有的目標群體。由於不像抽樣調查那樣經歷推測的過程，因此不會出現任何偏誤。

全面普查	抽樣調查
母體基數很大時，會花費不少時間和費用在調查上。	跟全面普查比起來，時間跟費用都會有所縮減，但一定多少會有些誤差。

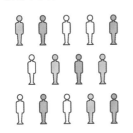

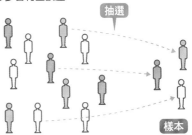

抽選

樣本

▶ 利用國勢調查繪製人口金字塔〔圖2〕

我們可以藉由國勢調查資料畫出按出生時間依序排列的人口金字塔。

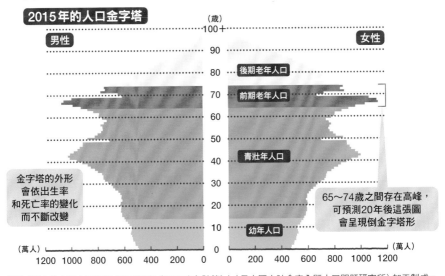

2015年的人口金字塔

男性　女性

（歲）
100+
90
80　後期老年人口
70　前期老年人口
60
50
40　青壯年人口
30
20
10　幼年人口
0

金字塔的外形會依出生率和死亡率的變化而不斷改變

65～74歲之間存在高峰，可預測20年後這張圖會呈現倒金字塔形

（萬人）1200 1000 800 600 400 200 0　0 200 400 600 800 1000 1200（萬人）

※按〈日本的未來人口趨勢（平成29年〔2017年〕計算〉（日本國立社會安全暨人口問題研究所）加工製成。

日經平均指數等股價指數 可用哪些統計方法計算？

原來 如此！ 日經平均指數以「**簡單平均（非加權）**」 為基底，TOPIX則是按「**加權平均**」計算！

在日本，日經平均指數和TOPIX（東證股價指數）這兩種股價指數很是常見。而這裡頭則運用到統計學**「平均」**的計算手段。

日經平均指數指的是東證一部上市企業共225種股票的股價平均值。雖然以前是用「簡單平均（非加權）」（➡P96）把股價總和除以企業數量來計算，但這麼做會使日經指數連在更換組合內的企業品牌所造成的股價變動時也跟著變動，讓人無法正確掌握股價因買賣而產生的市值變化。因此現在日經指數是**以簡單平均為基底，用較複雜的算式計算而成**，好消除市場行情變動之外的價格波動〔**圖1**〕。如此一來，指數就會受到高價股票（單張價格就很高的股票）變動更大的影響。而這種影響度，可藉由分配到各企業身上的「加權貢獻」來判斷。

採用「加權平均」（➡P96）而非「簡單平均」以後，能夠避免指數受高價股票影響。所謂的加權平均，意思是**考量各個項目的差異，並在數值上增加「權重」後，再去計算平均值**。TOPIX就是運用加權平均這種思路來計算的股價指數。因為TOPIX涵蓋所有的東證一部上市企業，所以各企業的規模也大小不一。於是，便藉由「加權」各企業的總市值後再計算的方式，減少高價股票的影響〔**圖2**〕。

市場的股價變動可用「平均」來表示

▶日經平均指數基於簡單平均計算〔圖1〕

日經平均指數會從東證一部上市企業中挑選出225家企業，並將其平均值作為一項指標，在簡單平均的基底上，運用複雜的算式計算而得。

225家企業的股價平均值

UP?
DOWN?

日經平均指數的算式

以前曾套用這個公式

$$簡單平均的股價 = \frac{採樣股票的股價總和}{採樣股票總數}$$

在以簡單平均計算時，因為數值會受到採樣股票的更替或股票分割等因素的影響，所以目前改成「可以只反映出市場波動」的計算方式。

▶TOPIX 透過加權平均計算〔圖2〕

約2,000家企業的總市值

UP?
DOWN?

假設1968年的總市值是100，以此為基準將總市值的變化製成指數。

企業名稱	發行股數	股價	總市值
A公司	1,500,000股	300日幣	¥450,000,000
B公司	1,000,000股	500日幣	¥500,000,000
C公司	700,000股	900日幣	¥630,000,000

總市值在加權平均上的「權重」

TOPIX的算式

$$TOPIX = \frac{目前東證一部所有股票的總市值 \,(A公司＋B公司＋\cdots)}{8兆6,020億5,695萬1,154日幣\,(1968年總市值)} \times 100$$

08 GDP和經濟成長率算的是什麼？又代表什麼？

[實例]

原來如此！ GDP是國內在一定期限中所生產的**財富總額**，**經濟成長率**則表現出GDP的增減！

時常在新聞等媒體上看到的GDP（國內生產毛額）及經濟成長率也是統計的一種，而其中又有著什麼樣的機制呢？

GDP是「國內生產的財富」的總額，是從家庭花費、企業投資與出口等財富中，減掉進口額計算而得〔**右圖**上〕。這是一種衡量國內經濟情勢的指標，每三個月發表一次。世界各國都會計算GDP，所以也會被拿來進行世界各國國力的比較。

經濟成長率是一項指標，其以百分比表示GDP每三個月或每年增減的幅度。 GDP跟經濟成長率都會做成「時間序列圖」，透過數值的變化來判斷景氣的趨勢。經濟成長率有時會劃分週期，好看清平均增長率（平均成長率）的變化〔**右圖**下〕。畢竟可以藉著觀察平均後的增長情況，充分了解過去的經濟動向。

在計算像成長率這種「因相乘而逐漸變化」的變率平均值時，會採用一種名為「幾何平均數（ →P97）」的手法。 順道一提，一般那種把加起來的數值整除的平均值稱為「算數平均數」，不過因為以算數平均數計算成長率的話，平均出來的數值會變得很怪異，所以選用幾何平均數來求取這個數值。

經濟成長率是以GDP計算的

▶ **GDP 的機制**　GDP是一種掌握國內經濟趨勢的數值，也是國內所生產出來的財富總額。

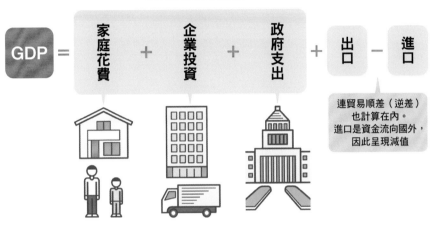

$$GDP = 家庭花費 + 企業投資 + 政府支出 + 出口 - 進口$$

連貿易順差（逆差）也計算在內。
進口是資金流向國外，因此呈現減值

GDP 與經濟成長率的時間序列圖　從經濟成長率的時間序列圖上，甚至還能知道當時數值增減的原因是什麼。

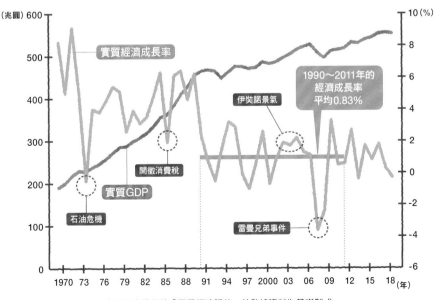

（兆圓）

實質經濟成長率

1990～2011年的經濟成長率平均0.83%

伊奘諾景氣

開徵消費稅

實質GDP

石油危機

雷曼兄弟事件

1970 73 76 79 82 85 88 91 94 97 2000 03 06 09 12 15 18（年）

※以日本內閣府統計資訊網站「國民經濟評估」的數據資料為基礎製成。

令人恍然大悟的統計學原理 第**1**章

常聽到的「收入不平等」也是用統計算出來的嗎

原來如此！ 透過「吉尼係數」判斷有無收入不均的問題，並以「所得重分配調查」認定差距！

經常在新聞等聽到「**收入不平等**」這個詞，這又是怎麼計算出來的呢？

國家**為了不讓貧富差距擴大，會採取一些類似富裕階級繳納的稅金更多等措施，進行國民收入的重新分配**，而日本的厚生勞動省則會每三年舉辦一次「所得重分配調查」。

在這段調查中，**收入的不平等會以名為「吉尼係數」的數值來表示**。羅倫茲曲線可檢驗數據的偏差和不均，而吉尼係數就是用這種曲線算出來的：愈接近0就代表差距愈小，愈接近1則差距愈大。換言之，吉尼係數是義大利經濟學者吉尼為了呈現收入的不平等而發明出來的指標。

所得的重新分配，其機制是在收入較高的地方課徵租稅負擔，運用這筆稅金提供社會福利給收入較少的地方。在日本的所得重分配調查中，會基於上述機制，**分成「重新分配前的數據（原始所得）」和「分配社會福利後的收入（重分配所得）」兩項吉尼係數來做確認**。

這兩項數值畫成圖表，可發現吉尼係數的數值通常會因所得的重新分配而下降。若重分配所得持平，就能判定一整年的所得差距都不會增加。

用吉尼係數判斷國民的貧富差距

▶吉尼係數與日本所得重分配調查

展現收入差大小的吉尼係數，是以名為羅倫茲曲線的圖表計算出來的。

❶ 透過數據畫出羅倫茲曲線

以原始所得為例

收入等級	家戶數
少於50萬日幣	1142戶
50～100	265戶
100～150	228戶
150～200	198戶
200～250	215戶
250～300	182戶
300～350	182戶
350～400	158戶
⋮	⋮
1000萬日幣以上	470戶

依照左邊按收入金額劃分的家庭戶數表，拉出「總所得百分比」與「家戶數累積百分比」兩項數值，求得羅倫茲曲線和吉尼係數。在調查中則是求取「原始所得」及「重分配所得」兩項吉尼係數。

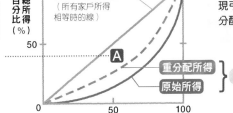

為吉尼係數

一、與完全均等分配線底下的直角三角形區重疊的部分

A的面積中，

100
總所得百分比（%）
50
0

完全均等分配線
（所有家戶所得相等時的線）

A

重分配所得
原始所得

愈不平等就愈呈弓形！

0　　　　50　　　　100
家戶數累積百分比（%）

❷ 以吉尼係數分析

每三年調查一次吉尼係數，確認收入差距的變動狀況。要是重分配所得數值持平，國家就會判斷所得重新分配政策有其成效。

（吉尼係數）

原始所得

	2005	2008	2011	2014	2017 (年)
原始所得	0.526	0.532	0.554	0.570	0.559
重分配所得	0.387	0.376	0.379	0.376	0.372

0.600
0.500
0.400
0.300
0.200
0.100
0.000

重分配所得

※依日本厚生勞動省〈平成29年（2017年）所得重分配調查報告〉製成。

令人恍然大悟的統計學原理 第1章

數字的出現頻率
也有統計上的規律嗎？

當首位數字的頻率〔圖1〕

（%）

首位數字	1	2	3	4	5	6	7	8	9
河川流域面積	31	16.4	10.7	11.3	7.2	8.6	5.5	4.2	5.1
人口	33.9	20.4	14.2	8.1	7.2	6.2	4.1	3.7	2.2
出現在報紙文章上的數字	30	18	12	10	8	6	6	5	5

在我們的身邊可以看見很多數字。不管是看報紙還是閱讀網路文章，數字都一定會躍於眼前——股價、人口統計、公用事業費的帳單、河川面積……諸如此類，數字資料無處不在。其中從1～9的各個數字出現在首位的頻率〔圖1〕，事實上是有規則的。

天文學家紐康（Simon Newcomb）發現，**數字1～9出現的頻率不盡相同，前面幾個較小的數字比大的數字更常出現**。而以兩萬之多的樣本研究這個主題，並將其視為定律致力倡導的，是物理學家班佛（Frank Benford）。

班佛調查了河川流域面積、人口及報紙文章裡出現的數字等資料，然後徹底查清一件事：**數值資料的首位數字以1出現的頻率最高，9出現的頻率最低**〔圖2〕。這個規則被稱作「班佛定律」。

數字「1～9」出現在首位的機率 〔圖2〕

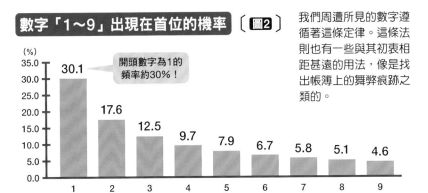

開頭數字為1的頻率約30%！

我們周遭所見的數字遵循著這條定律。這條法則也有一些與其初衷相距甚遠的用法，像是找出帳簿上的舞弊痕跡之類的。

　　為什麼首位數字為1的發生機率較高，而9較低呢？雖然實際算起來是很困難的算式，但只要採取常用對數（以10為底數的對數）就能確認這一點〔圖3〕。順便一提，上述算式似乎還發現數字間的關聯性：開頭數字為「1」的出現頻率與「5」～「9」這5個數字的頻率總和一模一樣。

計算首位數字出現頻率的辦法 〔圖3〕

（∵ $\log 1 = 0$）

數字「1」時 = $\log 2$ − $\log 1$ =	$\log 2$ = 0.301 （30.1%）		
數字「2」時 = $\log 3$ − $\log 2$ =	0.477 − 0.301 =	0.176 （17.6%）	
數字「3」時 = $\log 4$ − $\log 3$ =	0.602 − 0.477 =	0.125 （12.5%）	
數字「4」時 = $\log 5$ − $\log 4$ =	0.699 − 0.602 =	0.097 （9.7%）	
數字「5」時 = $\log 6$ − $\log 5$ =	0.778 − 0.699 =	0.079 （7.9%）	
數字「6」時 = $\log 7$ − $\log 6$ =	0.845 − 0.778 =	0.067 （6.7%）	
數字「7」時 = $\log 8$ − $\log 7$ =	0.903 − 0.845 =	0.058 （5.8%）	
數字「8」時 = $\log 9$ − $\log 8$ =	0.954 − 0.903 =	0.051 （5.1%）	
數字「9」時 = $\log 10$ − $\log 9$ =	1 − 0.954 =	0.046 （4.6%）	

令人恍然大悟的統計學原理 **第1章**

10 氣象預報也是統計學？降雨機率的測算機制

[實例]

原來如此！

預報會**與過去的氣象資料對比後計算**。
若100次中有40次下雨，就是「**降雨機率40％**」

　　氣象預報會將「明天會不會下雨」以「有多少百分比」等機率來表示。這也跟統計有關嗎？

　　其計算原理如下：①將全國土地細細劃分成好幾區、②測量每一區的氣象資料，如溫度、濕度、氣壓或風力等、③從以前的氣象資料中提取與預測日的氣象資料相似的形式、④舉例來說，只要這套形式在過去100次裡有40次下雨，便宣布「降雨機率為40％」〔**右圖**〕。

　　也就是說，**降雨機率的預測方式是：以從前的大量氣象資料為本，將相同情況下形成降雨的案例數值化，再預測未來的降雨量**。像「降雨機率40％」這種預報內容，其實是在表現統計學觀點上的預測：「在過去的類似氣象狀態下，100次中有40次下了雨（60次沒下雨）」。

　　換言之，**即使預報的降雨機率是0％也有可能會下雨**，這是為什麼呢？

　　因為第1位數字是四捨五入的，所以就算降雨機率0％（實際上不到5％），也不能肯定地說不會下雨。另外還有一個原因：縱使以前在同樣的氣象狀況下沒有降雨的先例，理論上今天或明天也有可能會成為史上第一個下雨的例子。順道一提，「氣象預報的期限內降雨量超過1毫米」時，日本氣象廳也會認定為「有下過雨」。

與歷史氣象資料比對後進行預測

▶降雨機率的測算機制（以日本為例）

❶分區

將全國劃分成多個地區，再用自動氣象觀測站AMeDAS等設備測量溫度、濕度、氣壓和風力等數據。

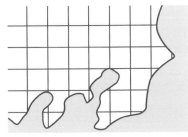

❷預測目標日期的氣象數據

分析各種觀測數據後，預測目標日期當天的大氣狀態（繪製天氣圖）。

❸挑選出與過去資料相似的數據

從歷史數據中挑出跟預測日當天的大氣狀態分布相似的天氣圖。

明天的天氣圖

對比過去高度相似的天氣圖

●●年●月●日　　▲▲年▲月▲日　　■■年■月■日
晴　　　　　雨　　　　　雨

❹發布降雨機率

假使歷史數據中，100次有40次下了雨，降雨機率就是40%。

過去60次放晴　　過去40次下雨

從統計上來說……

降雨機率40%的意思，在某一地區發布100次降雨量超過1毫米的預報時，預計有40次左右會下雨。

033

11

[實例]

內閣支持率調查的機制是什麼？

原來如此！ 這是一種透過**抽樣調查**執行的**民意調查**，**隨機抽選**調查對象很重要！

常在日本報紙或電視上看到內閣支持率這個詞，是怎麼計算出來的呢？

內閣支持率是新聞機構所做的民意調查之一。民意調查是一種運用統計學的**抽樣調查**（➡P108）來考察民眾意見的調查。在調查中，為了讓樣本正確成為母體縮影而不偏頗，「隨機抽選樣本」是很重要的調查依據。

民意調查一開始會先**從住在日本約1億的選民中隨機挑選幾千人作為樣本**。比如說，報社抽選受訪者的方式是用電腦隨機組合出一串數字，再致電過去。此時已經被選為受訪者的人，整個調查途中都應盡量避免更改。然後在取得受訪者的同意後，開始提出問題。問題的措辭跟順序，對所有受訪者詢問時都要一模一樣。畢竟改變順序有可能左右受訪者的答案傾向。

近年來市話愈來愈少人用了，所以也會**在網路上做民意調查**。不過在網路上做調查很難建構一套隨機抽選受訪者，繪製母體縮影的機制，因此目前有些研究正在鑽研其改善方式。

利用抽樣調查推估民意

▶ 民意調查的流程機制

受訪者隨機選出，以便能從調查結果推測民眾意見。

❶ 隨機選擇受訪者

大眾傳播運用隨機撥號電訪（RDD）的方式挑選擁有電話的受訪者。

選民約有
1億658萬人
（截至2019年1月1日為止）

以日本總務省公開的
使用中電話號碼列表為基底，
隨機從中挑選受訪選民的電話號碼

隨機電訪的做法每家新聞機構
各有不同，但大致上都會利用亂數
抽出2,000個左右的電話號碼

❷ 撥打電話

一一撥打這些調查用的電話號碼。撥打市話時，若對方有家人就先詢問家庭成員人數，再隨機選擇1位做受訪者。

市話號碼
約1,000個

手機號碼
約1,000個

隨機致電
以獲取答案

❸ 提出問題

Q1 請問您是否支持現任內閣呢？

Q2 原因是什麼？　——　問題的順序不會更改！

❹ 統計內閣支持率的調查

將含糊回答 Q1 的受訪者記錄為「不回答」，跟追問對方「哪個選項比較接近您的感覺？」的數值會出現偏差。

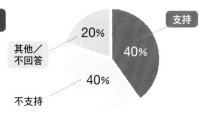

支持
20%
其他／
不回答
40%
40%
不支持

035

12 [實例] 日本選舉的「確定當選」是怎麼算出來的？

原來如此！ 藉由選前的初步調查與出口民調推斷得票數，
當得票數與位居其次的候選人拉開差距就確定當選！

在追蹤選舉結果的日本電視節目上，往往會在投票剛結束，也就是節目開始時播報「確定當選」的候選人。為什麼明明才剛投完票而已，卻可以說他們確定當選了呢？

大部分的新聞機構會事先分析**選前蒐集的資料**與**出口民調**的情報來判定候選人當選或落選。在選前蒐集資料時，會研究過去的選舉結果、各年齡的投票率及候選者的地盤（擁有一定支持者數量的地區）等資訊，建立對各家候選人得票數的預測（稱作「基本票」）。

在出口民調中，則是運用**抽樣調查**的機制進行。研究者會調查來投票所投完票的選民，聽他們說自己投給哪位候選人。再**以出口民調的受訪者為樣本，實際投完票的選民為母體，估算投票結果**。

出口民調並不會去所有投票所調查，而是從以前的投票行為縮小調查範圍。在做這種意見調查時，年齡層也是一大重點。參考過去按年齡層劃分的投票率，平衡地聆聽各個年齡層的意見，並調整樣本內容，使其成為母體的一個縮影。

最後根據基本票和出口民調的結果推斷預測得票數，**當第一名的候選人與其他候選人之間的差距達到一定程度，可判定其他候選人無法逆轉局勢時**，就算是節目開始前，也能確保第一名候選人的當選。

從選前初步調查算出預測得票數

▶ 直到確定當選以前

① 選前初步調查

選舉之前先研究上一次的選舉結果，以及參加競選者各自的地盤等資訊，建立對各候選人得票數的預測。

② 期日前投票的出口民調

對到期日前（提前）投票所投票的選民做意見調查，了解他們投票給哪位候選人。需多加考慮調查的日期時間和投票所位置，盡量不要太過偏頗。

③ 投票當天的調查

投票日當天，向來投票所投票的選民做意見調查。適時統計出口民調結果，從基本票與出口民調推估預測得票數。

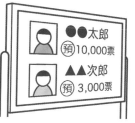

估算
選舉結果
（母體）

④ 宣布確定當選

根據選前的初步調查和經驗事實，判斷第一名候選人的得票數已不會被位居第二的人逆轉後，宣布該候選人確定當選（其判斷依新聞機構而異）。

13 民意調查與街頭問卷調查有什麼不同？

[實例]

原來如此！ 差別在於：民意調查是社會普遍民意的調查，街頭問卷調查則屬於定點觀測！

常常會在新聞等媒體上看到民意調查和街頭問卷調查這兩個詞，而兩者之間又有什麼區別呢？

所謂的民意調查，會藉由**調查社會普遍大眾的意見**，來研究當地居民對政治或社會問題的看法或傾向〔**圖1**〕。舉例來說，日本內閣支持率（➡P34）之類的調查就屬於這種類型。

另一方面，街頭問卷調查則是要走上街頭，向大量的街上路人提出相同的問題並尋求對方的回答。換句話說，此為一種**定點觀測**的手段，**目的是了解這條街上通行的人們的意見或傾向**。

在民意調查上，會進行「抽樣調查」。重點在於訪問員隨機（不規則地）抽選樣本，確保樣本不產生偏差。畢竟不這麼做，最後會無法正確掌握到當地居民的意識形態。因此，假如是用「晚上九點行經終點站的人」當樣本，**這些樣本就不能成為母體（日本國民）的縮影**，也無法形成有效的民意調查。

相對地，街頭問卷調查的目的正是蒐集這種精確目標的情報，所以會以「晚上九點行經終點站的人的喜好」等條件進行。**欲簡單快速地調查特定群體的想法時，這種方法頗有成效**〔**圖2**〕。

▶ 什麼是民意調查？〔圖1〕

研究世上一般民眾對社會問題等議題有什麼主張的調查。為了讓受訪者成為母體的縮影（即「民意」），隨機抽選樣本很重要。

傾聽受訪者的意見
蒐集隨機抽選的民眾意見，樣本大小則以統計理論為基礎。

統計調查結果
匯總調查結果，整理成圖表後公布。

推論民意
因為從統計上來看，受訪者可被視為母體的縮影，所以可將其當作民意的代表。

景氣很好

民意調查
1月的景氣如何？
好 … 70%
差 … 30%
以隨機電訪調查

景氣好 70%
景氣差 30%

▶ 什麼是街頭問卷調查？〔圖2〕

向街上來往的人們提問並研究的調查方式。在查證特定群體的認知意見時使用。

●●●站

為什麼街頭問卷調查無法形成有效的民意調查？

因為若要將其當成民意（母體）的縮影，這種調查方式的樣本會很不充足。舉例而言，即使在車站前等特定地點進行問卷調查，受訪者也多偏向上班族或旅人等類型，無法反映沒去車站的人的意見。

民意調查不準嗎？
美國大選的失敗案例

原來如此！ 抽取的樣本數量再多，
只要**對象偏誤**，民調就容易出錯！

　　雖然我們在第38頁掌握了民意調查的機制，但這種調查偶爾也會出錯。下面就來介紹一下美國總統大選**民調失敗的例子**。

　　在1936年的美國總統大選之中，《文學文摘（*The Literary Digest*）》雜誌按照其讀者和擁有市話或汽車的人的名單，郵寄了一份「請問在蘭登候選人與羅斯福候選人之間，您會投票給誰？」的問卷，當時這份問卷獲得大概200萬人的回覆。調查的答案是蘭登候選人有57%的支持率，因此該雜誌預測蘭登會當選。

　　與此同時，民調公司「美國民意研究所」宣布，他們根據約5萬人的回答預測羅斯福候選人將會當選，支持率為56%。最後選舉的結果是羅斯福以60%的得票率當選。

　　《文學文摘》雜誌的預測失準，其原因在於民調對象的偏誤。該雜誌的民調對象**偏向**可持續訂購雜誌、擁有汽車和市話的**富裕階級，忽略了一般庶民的意見**。另一方面，在民調公司**透過「配額抽樣法」〔右圖下〕來抽選樣本的抽樣調查**中，能夠反映一般民眾的意見，所以才能出色地預測出選舉結果。上述的雜誌民調在抽選樣本時不夠完整，導致該次調查無法成為母體的縮影。

　　然而，以抽樣方式來說，配額抽樣法也存在一些問題，因而使得1948年的總統大選預測失準。

※資料來源：D. A. Freedman, Robert Pisani and Roger Purves 『Statistics, 4th edition』

▶ 1936年下屆總統大選當選預測民調

《文學文摘》選擇民調受訪者的方式較偏富裕階級，美國民意研究所則透過「配額抽樣法」進行調查。

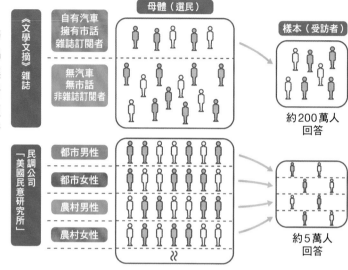

母體（選民）

《文學文摘》雜誌
自有汽車
擁有市話
雜誌訂閱者

無汽車
無市話
非雜誌訂閱者

樣本（受訪者）
約200萬人回答

民調公司「美國民意研究所」
都市男性
都市女性
農村男性
農村女性

約5萬人回答

術語 Column

【配額抽樣法】是什麼？

判斷抽樣法的一種，以任意的方式選出要當母體縮影的樣本，而非仰賴隨機抽選。在當時總統選舉的民意調查中，調查者是先指定各個屬性的調查對象人數，再任意抽選受訪者。

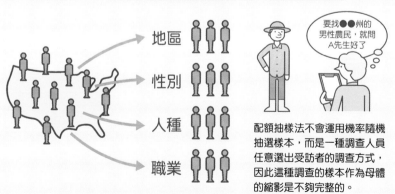

地區

性別

人種

職業

要找●●州的男性農民，就問A先生好了

配額抽樣法不會運用機率隨機抽選樣本，而是一種調查人員任意選出受訪者的調查方式，因此這種調查的樣本作為母體的縮影是不夠完整的。

15

[實例]

棒球的統計學？
賽伯計量學是什麼？

原來
如此！
一種**以統計分析棒球**的手法，
可知道什麼樣的選手會為勝利帶來貢獻。

　　棒球與統計的關係密不可分。很多球隊都會運用從比賽中積累的資料訊息，使比賽對己方更有利，隊伍更強大。在棒球上，選手的能力或隊伍的成績會以數字來表示。好的投手防禦率低，好的打者打擊率高。**防禦率是顯示投手在一場比賽中平均被對方拿走幾分（自責分）的數值。打擊率則是用安打數除以打數的數值**〔**圖1**〕。

　　雖說如此，但由於選手各有不同的職責，所以不能只看防禦率或打擊率就對選手的能力一概而論。因此在這方面會採用各式各樣的指標來分析。而最近幾年最受眾人矚目的，是從統計學的角度分析棒球的**賽伯計量學**。美國職棒大聯盟的奧克蘭運動家隊曾用這種手法重新分析隊上哪些選手為勝利做出了貢獻，並成功強化了球隊能力。

　　下面介紹兩個賽伯計量學的指標〔**圖2**〕：

　　<u>WHIP</u>（每局被上壘率）是用來評估投手的項目，一個表現每一局比賽有多少跑者上壘的指標。將投手的保送加被安打數，再除以投球局數就能算出這個數值。

　　<u>OPS</u>（整體攻擊指數）屬於評估打者的項目，這項指標與打者得分高度相關，其算法是以出壘率加上長打率求出。

選手的能力可用數值來表示

▶ 棒球選手的能力會用數值來表現〔圖1〕

什麼是防禦率？

代表投手的成績。了解投手在一場比賽中被拿了幾分。

投手需負責的失分

$$防禦率 = \frac{自責分 \times 9}{投球局數}$$

什麼是打擊率？

代表打者的成績。只要打擊率超過3成，就是優秀的打者。

$$打擊率 = \frac{安打數}{打數}$$

▶ 賽伯計量學的兩項指標〔圖2〕

什麼是WHIP？

代表每局比賽有多少跑者上壘，是一種評估投手的指標。

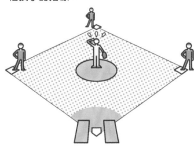

$$WHIP = \frac{保送 + 被安打數}{投球局數}$$

什麼是OPS？

上壘率和長打率加起來的數值，一種評估打者的指標。

$$OPS = 上壘率 + 長打率$$

上壘率＝（安打數＋保送數）÷
　　　　（打數＋保送數＋高飛犧牲打數）
長打率＝壘打數÷打數
壘打數＝一壘安打數＋二壘安打數×2
　　　　＋三壘安打數×3＋全壘打數×4

令人恍然大悟的統計學原理 第**1**章

以「均值回歸」解釋

父母與子女身高的關聯 〔**圖1**〕

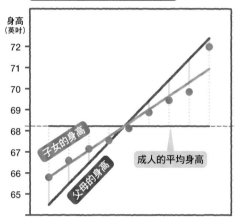

身高
（英吋）

72
71
70
69
68
67
66
65

子女的身高

父母的身高

成人的平均身高

父母   子女

父母的身高高於平均身高時，
子女往往會比父母小巧。

父母   子女

父母的身高比平均身高矮時，
子女多半比父母高大。

在運動領域，有一個詞叫做「二年級生症候群」。這個詞指的是「在職棒新人第一年大放異彩的選手，第二年表現卻不如第一年那麼好」之類的現象，在統計學中，這種現象可用名為**「均值回歸」**的理論來解釋。

發現這套理論的人是英國遺傳學家高爾頓（Francis Galton），他是一名做過各種各樣遺傳學實驗的大人物。當時的社會認為高個子父母所生的孩子是因為繼承父母的基因才會長得身材高大。高爾頓觀察了大約1,000名成年子女與其父母的身高，研究父母與子女身高之間的關係。結果與預期相反，他發現**比起父母的身高，子女的身高通常「更接近一般成人的平均身高」**〔**圖1**〕。

像這種**「即使測量的數據出現偏差，終歸會逐漸靠向平均值」**的

※ **圖1** 資料來源：Francis Galton〈Regression towards mediocrity in hereditary stature.〉

「二年級生症候群」現象

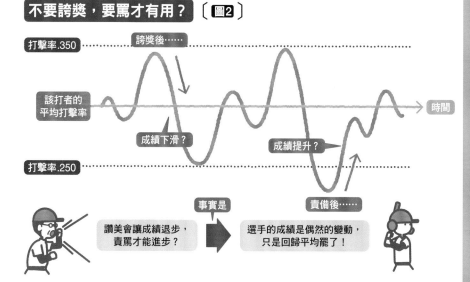

不要誇獎，要罵才有用？〔**圖2**〕

打擊率.350

誇獎後……

該打者的
平均打擊率

時間

成績下滑？

成績提升？

打擊率.250

責備後……

事實是

讚美會讓成績退步，
責罵才能進步？

選手的成績是偶然的變動，
只是回歸平均罷了！

現象，就稱為「均值回歸」。這是可在各種與遺傳毫無關聯的領域，比如經濟、醫學及運動等領域中觀察到的統計現象。而二年級生症候群則是：就算第一年狀態絕佳，但自己的成績仍會隨著上場比賽的機會增加而回歸原本的平均成績，可說是一種相當自然的現象。

另外，還有一個名為**「回歸謬誤」**的概念跟均值回歸有關。某位棒球教練一旦稱讚成績進步的選手，該選手的成績就會下滑；只要責備選手成績差，該選手的成績便會提升。教練可能會在經驗上形成「不罵不成器！」的想法，但其實這是教練不曾意識到「均值回歸」現象的錯。即使他沒有給出任何建議，選手的成績也會上下浮動，這是很正常的事情〔**圖2**〕。如前所述，**明明只不過是均值回歸現象的發生而已，人們卻深信背後一定有其原因，這就稱作「回歸謬誤」**。

16 [實例] 霍亂的傳染源是用統計學查明的嗎？

原來如此！ 將患者的位置記錄在地圖上後，找到了變成傳染源的水井！

　　霍亂曾經是一種自古以來就令人懼怕的瘟疫，不過這種疫病的原因與傳染途徑均已藉由統計徹底查清了。

　　在19世紀英國霍亂大流行時，醫生史諾（John Snow）提出霍亂是透過被污染的水傳開的假說。與此同時，霍亂疫情在倫敦爆發。史諾和當地的牧師結伴參觀了疫區現場，在地圖上標記每一名染疫者的家，繪製出一份**「點子圖」**（dot map），因此**發現染疫者的家都集中於某一口井的附近**。史諾推斷那口井就是傳染源而禁止居民使用，隨後該地區的傳染情況就被抑制了下來〔**圖1**〕。

　　此外，史諾等人還一併調查了自來水公司。當時倫敦的下水道系統並不完善，所以污水是直接排放到泰晤士河中的。自來水公司從這條河裡取水，過濾之後再供應給各家各戶。史諾調查那些出現霍亂死者的地區和負責該地區供水的自來水公司，並製成一份**「統計表」**。在這張表上，比較了患者的死亡率與供應受污染水的自來水公司，**徹底找出那些變成傳染源頭的公司**〔**圖2**〕。

　　史諾是在醫療領域運用統計方法的先驅，因此被稱為**「流行病學」**的鼻祖，這門學科利用統計揭示了疾病與健康之間的關係。

以點子圖找出傳染源

▶推測傳染源位置的點子圖〔圖1〕

史諾走訪那些出現霍亂病例的家庭，記錄在地圖上，並根據這張地圖推斷出污染源是水井。霍亂流行的原因，據說是有人將清洗感染霍亂的女孩尿布的水倒在水井附近所致。

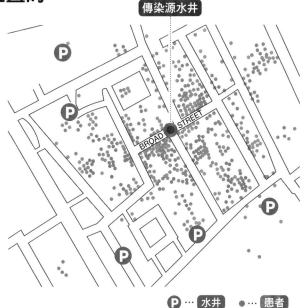

傳染源水井

BROAD STREET

Ｐ … 水井　● … 患者

▶死亡率與自來水公司之間的關係〔圖2〕

霍亂疫情爆發前7週內死亡人數比

	家戶數	霍亂死亡人數	每萬人死亡數
自來水公司A 供水地區的居民	40,046	1,263	315
自來水公司B 供水地區的居民	96,107	96	37
倫敦其他地區 居民	956,483	1,488	59

※ 根據約翰・史諾《論霍亂傳播方式》製表。

史諾調查了霍亂死亡人數和該地區供水的自來水公司，並從死亡率推測出供應污染水的自來水公司是哪家。

> 將自來水公司A、B對比後，發現A公司就是傳染源，因為其負責供水的地區死亡人數有8倍之多！

17
[實例]

如何了解
傳染病的流行情況？

原來如此！ 利用「**基本再生數**」來判斷。
其標準是病患在治癒之前**傳染了多少人**！

　　「傳染病正在流行！」儘管這般言論引起騷動，但到底要如何判斷傳染病的流行呢？這邊仍然用到了統計的手段。

　　傳染病的傳染力可用「**基本再生數（R₀）**」〔**圖1**〕來表示。所謂基本再生數，指的是在沒有免疫該傳染病的群體中，「**一名患者在痊癒前平均傳染了多少人**」的平均值。這項數值顯示如果放任患者不管，這名患者平均會傳染多少人，因此R₀值為2時，平均一名染疫者會傳染兩個人，這兩個人又會傳染四個人……展現了染病者以幾何級數倍增的可能性。

　　順便一提，在傳染蔓延開來後，人們採取應對措施的狀況下，查看傳染病平均每人傳染人數的數值稱為「**有效再生數（Rt）**」，藉此加以區分。

　　觀察傳染病的流行時，**若Rt值大於1，代表疫情正在擴散；若Rt值低於1，則可以判定疫情正邁向終結**。這項數值的增減對傳染病根除及疫苗接種率目標很有幫助。

　　每種傳染病的基本再生數各不相同，德國麻疹的基本再生數是7～9，西班牙流感為2～3，SARS則聽說是1.7～1.9。麻疹的基本再生數高達16～21，可說是一種具高度傳染力的疾病〔**圖2**〕。

傳染力以「<u>基本再生數</u>」表示

▶ 什麼是基本再生數？〔圖1〕

代表傳染病傳染力的數值，顯現一名染疫者造成的二次傳染人數之平均值。譬如當 R_0 值＝2時，一名患者會傳染兩個人，因此使得染疫人數成幾何級數成長。

> 「把基本再生數 R_0 值降到1以下」是一項防止傳染擴大的指標！

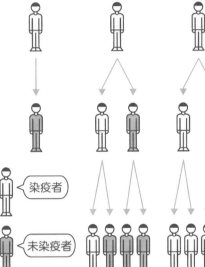

$R_0 = 0$　　$R_0 = 1$　　$R_0 = 2$

染疫者

未染疫者

▶ 主要傳染病的基本再生數〔圖2〕

全世界曾經流行過各式各樣的傳染病，就讓我們來看看幾個主要傳染病的基本再生數吧。

傳染病	傳染途徑	R_0
麻疹	飛沫（空氣）傳染	16～21
白喉	唾液	6～7
天花	飛沫傳染	5～7
脊髓灰質炎（小兒麻痺）	經口傳染	5～7
德國麻疹	飛沫傳染	7～9
流行性腮腺炎	飛沫傳染	11～14
百日咳	飛沫傳染	16～21
西班牙流感（流行性感冒）	飛沫傳染	2～3
SARS	飛沫傳染	1.7～1.9
MERS	飛沫傳染	0.7

※ 依據日本國立傳染病研究所〈我國大流行前疫苗之研發現狀與臨床研究〉等資料製表。

令人恍然大悟的統計學原理　第1章

18

用統計可以
看透謊話與真話？

原來如此！ 運用**假設檢定**，就能進行旁敲側擊
確認謊言與真相的實驗！

　　有個女人聲稱她可以分辨出奶茶先加紅茶還是先加奶茶的味道差異。雖然不清楚到底哪裡不一樣，但這種主張真的可以證明出來嗎？

　　英國統計學家費雪（Ronald Aylmer Fisher）曾做過一個實驗，他準備了好幾個杯子，杯子裡分別倒入先加紅茶的奶茶與先加牛奶的奶茶，然後請該名女性隨機飲用一杯後，猜測那杯奶茶是哪一種沖泡方式。費雪指出，**如果假設「該女性無法分辨奶茶沖泡方式產生的味道差異」，就要把重點放在偶然猜中的機率上**。這個機率若喝1杯是50%，連續2杯為25%……繼續算下去的話，連續5杯說中的機率是3.125%，連續8杯則大約是0.39%。這些假設機率叫做p值。

　　在實驗中，是先建立了「無法區分味道差異」的假設，來確認「可以區分味道差異」的事實。此方法名為**假設檢定**（➡P144）。這裡先將想確認的假設（可辨別味道差異）稱作**「對立假設」**，想否定（無法區別味道）的假設稱為**「虛無假設」**。要是p值低於某個門檻（顯著水準），就認定這個假設是偶然罕見的現象，並駁回虛無假設。顯著水準的數值決定方式沒有什麼科學根據，例如假設有5%，代表讓該名女性隨機喝5杯奶茶後，她就能分辨奶茶味道的差異。

偶然連續說中的機率<u>極低</u>

▶ 奶茶鑑別實驗

進行一項實驗，確認這名女性是否真的能分辨奶茶先加紅茶或先加奶茶之間的味道差異，還是純粹偶然猜中。

我能嚐出這兩種味道的差異！

先加牛奶的奶茶　　先加紅茶的奶茶

女性

先建立「無法區分味道差異」的假設，再來驗證「可以區分味道差異」的說法！

費雪

隨機端出沖泡方式不同的2種奶茶

女性

這項實驗叫做「假設檢定」！

連續說中正確味道的機率

說中1杯的機率	50％
連續說中2杯的機率	25％
連續說中3杯的機率	12.5％
連續說中4杯的機率	6.25％
連續說中5杯的機率	3.125％
連續說中6杯的機率	1.5625％
連續說中7杯的機率	0.78125％
連續說中8杯的機率	0.390625％

假設檢定能夠確認對方說詞是否為真。假如顯著水準是5％，那只要隨機品嚐5杯奶茶且連續說中正確味道，就可以確認真假。

順道一提，我可是連續說中了8杯！

女性

令人恍然大悟的統計學原理　第1章

統計學所揭露的
2大可疑事例

經銷商的中獎人數是多少？ 〔**圖1**〕

7年內在樂透彩贏得
高額獎金的彩券張數

樂透彩經銷商人數
（即經銷商的彩券購買張數）

$$5{,}713 \times \frac{60{,}000 \times 1.5^{※}}{8{,}900{,}000} = 57$$

安大略省的成人人口數
（即全省彩券購買張數）

高額中獎彩券裡的1%

**在沒有作弊下，
經銷商的中獎張數**
57張

← 數值差距太大了！ →

**經銷商的
實際中獎張數**
超過200張 ← 高額中獎彩券裡的3.5%左右

如果沒有作弊行為，那安大略省的成人人口的樂透彩中獎率和彩券經銷商的每人平均中獎率應該差不多才對，但實際數字卻相去甚遠。

※「×1.5」的原因是：經銷商購買的彩券數量比安大略省成人一整年花在買彩券的支出高1.5倍。

　　統計學會分析資料以發現真相。下面來介紹兩個統計的實例，都是過去經由資料分析所揭露的可疑案例。

　　第一。2001年，加拿大安大略省出現一名高額樂透彩得獎者（中獎機率為1,000萬分之1），得獎者是一名樂透彩商店的店長。然而，有人現身控訴他們的中獎彩券被店長偷走了，這名控訴者當時便去請教一名統計學家。

　　統計學家羅森塔爾（Jeffrey S. Rosenthal）研究了過去7年內的彩券中獎人，試圖推算**在沒有作弊之下，彩券經銷商的中獎機率**有多高〔**圖1**〕。

※**圖1** 資料來源：Jeffrey S. Rosenthal〈Statistics and the Ontario Lottery Retailer Scandal〉

從成績分布察覺造假?! 〔圖2〕

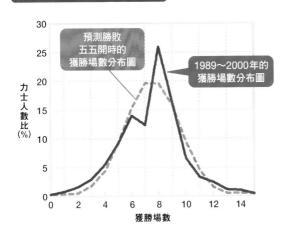

預測勝敗
五五開時的
獲勝場數分布圖

1989～2000年的
獲勝場數分布圖

力士人數比(%)

獲勝場數

打完一個場所全部比賽的力士勝率分布跟作為對照的分布圖相比,8勝的力士異常地多,7勝的力士則是異常稀少。

　　根據他的計算,所有彩券經銷商的中獎彩券數應為57張。然而事實上,經銷商的總得獎張數卻超過了200張,這個數字令人有充分的理由懷疑他們舞弊。最後,據說該名店長不得不承認他的不法行為,並退還了獎金。

　　第二。美國經濟學家李維特(Steven D. Levitt)曾分析1989至2000年間職業相撲比賽的對戰,試著從統計上證明職業相撲比賽的打假賽行為。當時他做了一份力士的成績分布圖,圖表上有1989到2000年間,單一場地所有比賽的力士成績(一個場地共15場比賽)〔圖2〕。

　　圖表上比較曲折的線段是基於資料上獲勝場數所繪製的分布圖,鐘形曲線則是預期勝敗五五對開時的獲勝場數分布圖。可以看出取得8勝的力士異常地多,整場比賽以7勝作收的力士也異常稀少。因為職業相撲比賽的規則系統是取得勝越(贏得8勝)就會晉級,若獲得負越(以7勝作收)則降級,因此7勝7敗的力士通常有較易取勝的傾向,此處應該是有打假賽的情況……李維特的論文是這麼解釋的。

※圖2 資料來源:Mark Duggan, Steven D. Levitt〈Winning Isn't Everything: Corruption in Sumo Wrestling〉

如何藉由統計調查店內商品受歡迎的程度

運用**交叉表**或**散布圖**來調查
兩者之間的關聯性！

　　在統計上，我們可以**查看一份數據中的兩個變數（像x或y這種可變化成各種不同數值的數）之間的關係**。

　　舉例來說，在一家商店研究新商品比較受男性還是女性歡迎時，只要分析調查資料裡頭的「性別」和「有無購買新商品」這兩個變數，就能確認該項商品的人氣傾向。「性別」與「有無購買新商品」這兩個變數是「無法以數字測量的變數」，所以又叫「定性變數」。分析定性變數時，會採用**交叉表**來進行〔**右圖**上〕。

　　接下來，我們也會來講解一下透過「可用數值測量的變數」分析定量變數彼此間關係的方法。假設我們在某家店取得了他們負責的產品銷售數量資料。假如要在他們負責販賣的產品中比較納豆與秋葵的銷售數量，調查兩者之間的關係，此時就要將手上的數據製成**散布圖**〔**右圖**下〕。

　　在這種情況下，如果散布圖呈現線性關係，像是「一方增加，另一方也隨之增加」、「一方減少，另一方也隨之減少」的時候，就將其之間的關係稱為**「相關」**（correlation）。雙方存在相關性時，就能用**「相關係數**（➡P148）」這項數值來分析這兩個變數的關聯是強還是弱。

用統計查看兩個變數之間的關係

▶研究兩個變數的關聯性

定性變數可用交叉表分析，定量變數則藉散布圖進行。

什麼是交叉表？

一種把統計出來的兩個變數互相組合
（交叉比對）的表格。可利用下表分
析「性別」與「有無購買新商品」的
定性變數間關聯性。

詳細參照 ➡ P148

新商品

		性別		總計
		男性	女性	
有無購買新商品	已購買	10人	35人	45人
	未購買	50人	25人	75人
	總計	60人	60人	120人

什麼是散布圖？

一種分別在縱軸與橫軸上找出各個變數的數值，並在兩者對應
的位置上繪製交錯點的圖表。如下圖般呈現線狀關聯時，稱為
「相關」。

詳細參照 ➡ P148

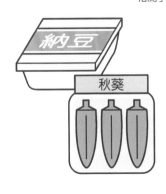

納豆

秋葵

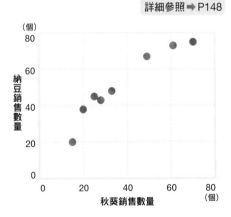

(個)
納豆銷售數量
80
60
40
20
0
0　　20　　40　　60　　80
(個)
秋葵銷售數量

令人恍然大悟的統計學原理　第1章

「CS分析」 與其注意要點是什麼？

原來 如此！ 用顧客滿意度分析**採取改善重點**， 但可別**武斷地下結論**！

　　「生意做得不太順利……」下面我們將介紹可用來解決這項問題 的材料——運用散布圖的「CS分析」，以及其注意要點。

　　CS是顧客滿意度（customer satisfaction）的字首縮寫，而**所 謂的CS分析，就是指辨別顧客是否對商品滿意的行為**。在這邊，我 們透過對新產品點心的銷售狀況問卷，試著了解一下抓出顧客不滿意 項目的調查流程〔**右圖**〕。

　　首先，檢視問卷上與產品有關的「滿意度」與「重要性」，分別 把這兩個項目設為xy軸，做成一張散布圖。再依照此圖表**判定哪些項 目應該優先改善，這就是CS分析的流程**。

　　重要性是衡量各個項目的滿意度與綜合評價之間相關性的數值。 右下滿意度低、重要度高的商品很重要——雖然也有這種說法，但如 果武斷地認為只要改善這點就好是會出問題的。

　　畢竟也很有可能只是該項目與綜合評價之間碰巧有強烈的相關性 而已（虛假關係➡P154）。在這種調查中，還必須一一按性別或年 齡之類的外在因素做分析，而且需改進的項目應該會依各個要素而改 變。**就算相關性很強，也不代表兩者之間一定有什麼因果關係存在。** 因此，仔細思考什麼才是真正重要的項目，不要輕率地下結論也是很 重要的事。

▶ CS分析的流程

❶進行問卷調查

向光臨店面的客人實施問卷調查，了解他們對新的點心產品有什麼感想。

關於新產品的問卷調查

包裝設計	滿意 ←	5	4	3	2	1	→ 不滿意
點心外觀	滿意 ←	5	4	3	2	1	→ 不滿意
味道	滿意 ←	5	4	3	2	1	→ 不滿意
口感	滿意 ←	5	4	3	2	1	→ 不滿意
內容量	滿意 ←	5	4	3	2	1	→ 不滿意
價格	滿意 ←	5	4	3	2	1	→ 不滿意
綜合評價	滿意 ←	5	4	3	2	1	→ 不滿意

❷統計調查結果

將問卷調查的結果整理成交叉表，了解顧客的滿意度與項目重要性。

	包裝設計	點心外觀	味道	口感	內容量	價格
滿意度	0.1	0.15	0.75	0.75	0.25	0.7
重要度	0.27	0.44	0.23	0.70	0.48	0.14

「5」和「4」在整體占的比例（滿意度）

顯示每個項目與綜合評價間相關性的相關係數（重要度）

❸決定改善項目

根據每個項目的位置，判斷哪些是優先度高的改善項目。

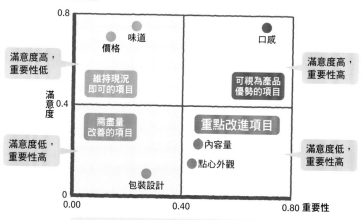

→不過，不要武斷地認為**重點改進項目**就是**改善重點**，也要去探討其他的因素，這點很重要！

21
[實例]

統計是否也能用於商圈分析？

原來如此！ 用地區網格調查法
鎖定家戶數或人口等區域特徵！

　　超市和超商等新店面的成功取決於開店前的調查。這些調查到底在做些什麼呢？

　　在開新店面或找尋預定開店位置之際，會先做商圈分析。 所謂的商圈分析，指的是去掌握該商圈的地區特徵，例如研究新店面或預定開店地址附近的居民樣貌、有無競品店家等。此時會活用到以人口普查為首的一些統計資料。

　　比如說，我們來試著想一想怎麼找出新的超商店面備選地址。

　　據說超商適合設置在走路5分鐘（半徑350公尺）的範圍內，具有「1,000戶以上的家庭，白天人口3,000人以上，夜間人口3,000人以上」的地方。在日本總務省統計局的**「地區網格統計網」** 上搜尋這些條件。同時也準備好正在營業的超商地址數據，查看是否位於我們選定的店面預定地附近。這麼一來，適合的預定店面地址就會出現在地圖上了。把這些資料做成一覽表，然後直接到現場調查地圖上不清楚的地方，再判斷是否開店〔**右圖**〕。

　　地區網格統計網會**將地圖以網格的方式劃分，並在各個區域顯示基於人口普查等資料所彙整出來的統計數據**。因為能夠一眼了解這塊地區住著哪些職業的人，所以會被應用在商圈分析或是防災計畫等領域上。

▶ 在地區網格統計網上尋找預定開店位置

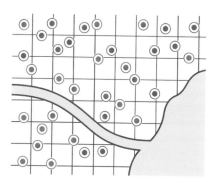

按第1個條件縮小備選區域

商圈的條件

走路5分鐘（半徑350公尺）的範圍內……
◆ 白天人口　3,000人以上
◆ 夜間人口　3,000人以上
◆ 家庭　　　1,000戶以上

在日本總務省發布的「地區網格統計網」輸入上述條件，搜尋後在適合的地點加上標記。

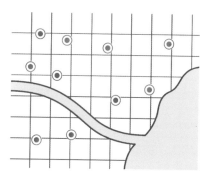

用第2個條件縮小備選區域

商圈的條件
◆ 網格內沒有其他超商

輸入目前已開幕的超商地址資訊，再次縮小商圈的範圍，避免標記的地點覆蓋到其他超商。

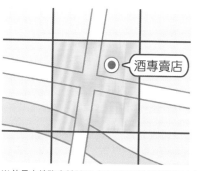

酒專賣店

以第3個條件鎖定備選區域

商圈的條件
◆ 感覺可以營業的店鋪

在挑選出來的區域內，找尋空店面或可以改裝成超商的酒類專賣店、米店、食品雜貨店等店面。一旦條列好可開業的店面物件標準，負責人就會走訪現場做最後決定。

※ 依日本總務省統計局〈地區網格統計網運用實例〉製成。

22 零售連鎖店必備？「POS資料」的架構

原來如此！ 可**即時管理商品**的機制。
藉由「ABC分析」調查商品的人氣指數！

　　超商和超市等零售業都會引進名為POS系統（Point of Sale）的產品管理技術。下面就讓我們來了解一下這種POS系統所產數據的使用實例。

　　POS系統全名為**「銷售點情報管理」**，是一種即時執行產品庫存管理和銷售管理的機制。這套系統可在超商或超市陳列的眾多商品中，蒐集哪些產品賣了多少的銷售數據，掌握熱門和冷門商品的品項，同時向廠商訂購商品〔**圖1**〕。

　　舉例來說，除了蒐集過去賣出的商品銷售數量、販售時間、購買者的性別及年齡層等資料以外，POS系統還會積存跟天氣和氣溫有關的情報，因此可以支援店家，讓店家不會錯過販售的時機。

　　POS系統所積累的資料也會用在銷售額的分析上。超商等店家會運用一種**名為「ABC分析」的手法，將受歡迎的商品（即銷售總額）依高至低的順序編列A、B、C等級**。

　　在ABC分析中，會透過名為「柏拉圖」的圖表，把商品銷售額按高低順序畫成長條圖，再結合表現累積銷售額占比的折線圖來使用（→P62 **圖2**）。以這張柏拉圖為基礎，判斷銷售額前幾名的「A級」商品為熱門商品，排名中段的「B級」商品處於中流，排名後段的「C級」商品則是不受歡迎的冷門產品。

▶POS系統架構〔圖1〕

POS系統是一種即時執行產品庫存管理和銷售管理的機制。

❶ 用POS收銀機做結帳

經由條碼讀取產品訊息，在結帳的同時取得產品情報。

❷ 在電腦上累積數據資料

在電腦上積存銷售數據，例如哪些商品賣出多少個之類的。

購買商品名稱	數量	價格
A品牌茶飲 500mℓ	1	180日幣
B品牌飯糰	1	110日幣
A品牌罐裝啤酒 500mℓ	2	440日幣
D品牌洋芋片	1	180日幣
C品牌濃厚布丁	1	150日幣
E品牌罐裝氣泡酒 500mℓ	2	440日幣

❸ 依銷售數據訂購商品

分析銷售數據，並向廠商下訂單。

❹ 配送訂購商品

按照訂單彙整商品，並統一配送到店家。

就像超商一樣，空間有限、無法擺放很多商品的店家會決定將C級商品從陳列架上取下來——但其實這邊有個陷阱。事實上，C級商品裡有些默默為店家做出貢獻的產品隱藏其中，譬如高單價的商品，或是這間店獨有的魅力商品等。

像C級商品這樣，利基產品銷售總額超越熱門商品的現象也叫做「**長尾效應**」，這種現象近期尤其受到擁有網路商店的零售店重視。

（➡P63 圖3）

藉柏拉圖看出暢銷商品

▶用柏拉圖做 ABC 分析〔圖2〕

透過POS的銷售數據求出累積百分比,將其製成柏拉圖後即可進行ABC分析。

❶計算銷售額的累積百分比

※小數點後的數字省略。

●A超商的麵包銷售額

	品名	月銷售額	累積金額	分配率	累積百分比
❶	哈密瓜麵包	800,000日幣	800,000	36%	36%
❷	奶油麵包	440,000日幣	1,240,000	20%	56%
❸	咖哩麵包	300,000日幣	1,540,000	14%	70%
❹	雞蛋三明治	225,000日幣	1,765,000	10%	80%
❺	維也納香腸卷	140,000日幣	1,905,000	7%	87%
❻	巧克力牛角麵包	90,000日幣	1,995,000	4%	91%
❼	核桃麵包	80,000日幣	2,075,000	4%	95%
❽	低醣麵包	50,000日幣	2,125,000	2%	97%
❾	火腿蛋三明治	26,000日幣	2,151,000	1%	98%
❿	炸豬排三明治	24,000日幣	2,175,000	1%	99%
⓫	起司蒸蛋糕	20,000日幣	2,195,000	1%	100%
	總　計	2,195,000日幣		100%	

〔步驟〕

計算商品在銷售總額中占的比例(分配率),再將這個百分比一一相加,算出「累積百分比」

將各項銷售額加起來,計算出「累積金額」

藉由月銷售額與累積百分比繪製柏拉圖

❷進行 ABC 分析

在柏拉圖上將商品分成A到C三個等級,便能縮小重點品項的範圍。

A 級	產生大半銷售額的重點品項
B 級	重點品項的候補
C 級	不受歡迎的商品們

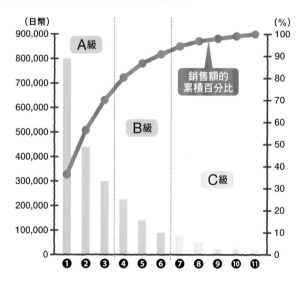

也要留意那些具長尾效應的利基商品

▶C級商品真的不受 歡迎嗎?〔圖3〕

如果因為是C級商品就將商品下架,有時也可能導致重要顧客不再光顧這家店。

或許是隱藏的回購商品?

雖然我們可以用ABC分析找出不太受到歡迎的麵包品項,但從另一個角度分析,會發現那是這家店才有的獨創商品,其銷售額的六成竟都來自於一成的回頭客。

 昨天
 今天
 明天

也許客單價很高?

針對C級商品分析收據資料後,發現購買C級商品的客人會同時採購各種商品,是客單價很高的顧客。

冷門商品

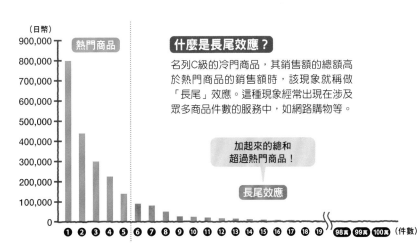

（日幣）

熱門商品

什麼是長尾效應?

名列C級的冷門商品,其銷售額的總額高於熱門商品的銷售額時,該現象就稱做「長尾」效應。這種現象經常出現在涉及眾多商品件數的服務中,如網路購物等。

加起來的總和超過熱門商品!

長尾效應

從銷售額中看出趨勢的訣竅是什麼？

原來如此！ 時間序列資料會考量「**季節性**」，
計算分析「**移動平均數**」和「**季節調整值**」！

　　我想，應該大部分的公司都會做銷售收入分析，但在分析之際，有幾點必須注意。這裡我們先來看看2017～2019年日本全國百貨公司銷售額的演變，並依據這份數據思考看看需要注意的重點在哪裡〔**圖1**〕。

　　只要觀察折線圖，就會發現一個模式：每年7月和12月左右，折線圖的山峰會高高隆起。百貨公司的銷售狀況有很多季節因素，例如在發獎金的月分、日本盂蘭盆節或聖誕節之類的節日，銷售額會大幅成長。由於這種季節性變化波動很大，因此把這個月的銷售額與上個月比較是不會有太大幫助的。**重要的是，透過「季節調整」消除這種變化的影響，讓數據的分析變得更容易**。

　　季節調整的手段有好幾種，我們就先從「**移動平均**」介紹起吧（➡P66）。

　　移動平均指的是將每個時間點的數據替換成該數值附近數據的平均值。**圖2**為採用「後3個月移動平均數」的圖表，是以每個月與該月分前兩個月的平均值計算出的數字。

　　移動平均數使**圖2**的折線圖比**圖1**更加平滑，而且圖表變化的模式也更好理解。分析圖表後，可看出其銷售額在這3年間沒有什麼顯著的變化。

▶日本全國百貨公司的銷售額變化〔圖1〕

將日本全國百貨公司銷售額按月分劃分所製成的圖表。雖然看得出12月是一年中最具盛況的月分,卻很難從中了解每一年的銷售額變化。

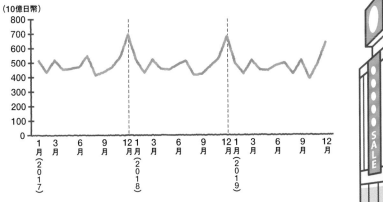

※依日本百貨店協會〈百貨公司銷售額〉製成。

　　另外還有一種可以讓圖表變平滑的季節調整方式。透過計算**「季節調整值」**,能夠更進一步地除去百貨公司銷售額特有的週期變化,也就是由獎金發放月和各種促銷活動所帶來的波動(➡ P67)。

　　季節調整值有很多種計算方式,可運用試算表程式之類的工具,經由移動平均和季節指數等數據導出。

　　從 圖3 可以看出,雖然以年為單位時百貨公司的銷售額沒有什麼變化,但在2019年9月卻有一次高峰。這個高峰是依2019年10月日本消費稅調漲前湧入的臨時需求而產生,因此造成該月分銷售額比往年來得高。

　　綜上所述,**只要能排除週期性的原因,就能分析出那些在 圖1 看不出來的隱藏數據變化**。

令人恍然大悟的統計學原理 **第1章**

運用移動平均讓折線更平滑

▶什麼是移動平均？〔圖2〕

移動平均的意思是，把每個時間點的數據替換成該數值附近數據的平均值。

後三個月移動平均圖

透過過去三個月（包括各個時間點在內）的平均值，讓銷售額變化的模式更好判別。

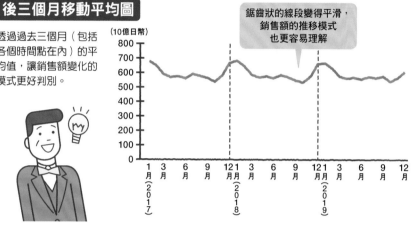

> 鋸齒狀的線段變得平滑，銷售額的推移模式也更容易理解

（10億日幣）
800
700
600
500
400
300
200
100
0

1月（2017）　3月　6月　9月　12月　1月（2018）　3月　6月　9月　12月　1月（2019）　3月　6月　9月　12月

移動平均的計算方式

依照週期的擷取方式，可計算出各式各樣的移動平均值。若擷取的時間跨度更長一點，就可以了解數據變化的長期趨勢；要是擷取得短一點，便能掌握短期的趨勢。

> 例如，用2月及其前後月分的平均值計算2月分的3個月中央移動平均值（此例為4,910億日幣）

> 例如以1～12月的平均值計算12個月的移動平均（此例為4,960億日幣）

	銷售額 （10億日幣）	移動平均 （後3個月）
2017年1月	520	
2017年2月	433	
2017年3月	519	491
2017年4月	452	468
2017年5月	458	476
2017年6月	472	461
2017年7月	546	492
2017年8月	412	477
2017年9月	433	464
2017年10月	469	438
2017年11月	539	480
2017年12月	693	567
2018年	15	58

> 例如10月的後3個月移動平均，是透過8～10月銷售額的平均值算出來的

運用季節調整讓折線圖更平滑

▶ 消除週期性因素的季節調整〔圖3〕

在以一年為週期下，數據有固定的變動（季節變化）時，從原始數據排除季節變動影響的數值就稱為季節調整值。

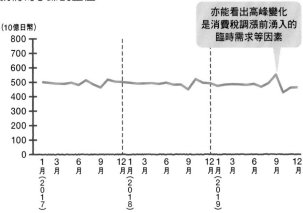

季節調整圖表

當季節變動的週期很明確的時候，只要消除這種週期性，就會更容易判讀具有意義的變化模式或活動。

> 亦能看出高峰變化是消費稅調漲前湧入的臨時需求等因素

（10億日幣）

排除週期性影響後的季節調整

季節調整值的運算很複雜，因此通常會使用試算表程式來計算。

計算12個月的移動平均

	銷售額（10億日幣）	移動平均（12個月）	中心化移動平均
2016年12月	694	498	
2017年1月	520	497	497
2017年2月	433	496	496
2017年3月	519	495	496
2017年4月	452	495	495

將數據中心化再計算1月的移動平均

從每個月的**銷售額×季節指數**算出季節調整值

	季節調整值
2016年12月	501
2017年1月	495
2017年2月	490
2017年3月	489
2017年4月	497
2017年	488

以「銷售額÷中心化移動平均」計算每個月的「季節成分（產生週期性的主要原因）」

	2017年	2018年	2019年	平均	季節指數
1月	1.05	1.04	1.01	1.03	1.04
2月	0.87	0.87	0.86	0.87	0.87
3月	1.05	1.05	1.05	1.05	1.06
4月	0.91	0.92	0.92	0.92	0.92
5月	0.93		0.91		

12個月的數值總和調整為12

令人恍然大悟的統計學原理 第1章

要小心「辛普森悖論」?

　　不管是只看整體來判斷，還是只看一部分來決定，都有可能會犯下嚴重的錯誤。英國統計學家辛普森（Edward H. Simpson）曾以人稱**「辛普森悖論」**的論點告訴我們這個事實。

　　舉個例子，假設在某家商店調查麵包和咖啡銷售狀況的關聯性時，發現約有三分之一的男性及一半左右的女性會同時購買麵包和咖啡〔**圖1**〕。然而從不分性別的整體銷售狀況來看，不買麵包的客人購買咖啡的比例更高〔**圖2**〕。那麼，麵包比較容易跟咖啡一起買，還是分開買呢？到底哪一個分析才是正確的？

　　如上所述，**「從整體來看」跟「從局部來看」會得出完全相反的結論**，而這種現象便以將其告知眾人的辛普森之名，命名為「辛普森悖論」。

按性別分類的商品購買表 〔**圖1**〕

男 性		咖啡		購買咖啡的比例
		購買	不買	
麵包	購買	50	120	29%
	不買	10	40	20%

女 性		咖啡		購買咖啡的比例
		購買	不買	
麵包	購買	20	15	57%
	不買	350	500	41%

買咖啡的人也會買麵包嗎？

多

多

男女合計的商品購買表 〔圖2〕

整 體		咖啡		購買咖啡的比例
		購買	不買	
麵包	購買	70	135	34%
	不買	360	540	40% ←多

客人都不買咖啡嗎?

　　只要觀察 圖1，就會發現男性更傾向於同時購買咖啡和麵包，女性則是只買咖啡的比例壓倒性地多。但若像 圖2 這樣不分性別，將所有顧客整合在一起的話，性別上的特徵便會被掩蓋，致使我們只能解讀出「買麵包的人不買咖啡」的結論。

　　在辛普森悖論中，**第三個要素才是解明真相的關鍵**。在這個例子中，「性別」是第三個要素——畢竟其影響了麵包與咖啡兩邊的銷售情況，還產生了相反的關聯性。因此，只用 圖2 這張所有顧客的商品購買表來判斷其購買情況是很危險的。除了 圖2 以外，最好也參考一下**考量到性別因素的調查結果**〔圖1〕，再額外做一些其他調查，像是詢問客人喜好等。在查看目標之間的關聯性時，請注意第三個要素的存在，留心自己調查的方法是否有所偏差。

令人恍然大悟的統計學原理 第1章

統計學是否也能用在壽險規劃上？

[實例]

人類不知道什麼時候就會死去。明明無法預測人的死亡，為什麼保險公司能承諾支付壽險金額呢？

壽險（人壽保險）的意思是，保險公司每個月會從投保人那裡收取保費，與此同時，如果投保人死亡，保險公司就要支付保險理賠給投保人指定的受益人。壽險透過**預測該名投保人的死亡率**而得以成立。

而死亡率則是可以藉由「**生命表**」這樣的壽命統計資料算出來的〔**圖1**〕。保險公司會以投保人的死亡率計算死亡理賠費用的額度和保費。重點在於印證死亡率的「**大數法則**」〔**圖2**〕。大數法則認為，**即使是無法預測的單一個人死亡時間，只要蒐集大量的個人案例，其數值就有可能無限接近統計出來的結果**。

因此保險公司會召集大量的保戶，以確保預期的死亡率不會出現偏差。而且為了不讓平均死亡率的投保人增加負擔，保險公司會對投保人進行醫學上的審查，保證投保人健康狀態的一致性，**促使大數法則正常發揮作用**。

大數法則在「投保人多，所有人的死亡各自獨立」的前提下運作。如果投保人因大型災難同時死亡，則這項前提不成立，大數法則也不會有任何作用。

印證死亡率的大數法則

▶ 生命表與死亡率〔圖1〕

日本生命表由厚生勞動省或壽險公司製成。只要大數法則正常運作，死亡率的數值就會很穩定。

生命表與死亡率

年齡（歲）	男性		女性	
	死亡率	平均餘命	死亡率	平均餘命
0	0.20%	81.41年	0.18%	87.45年
5	0.01%	76.63年	0.01%	82.66年
10	0.01%	71.66年	0.01%	77.69年
15	0.02%	66.69年	0.01%	72.72年
20	0.04%	61.77年	0.02%	67.77年
25	0.04%	56.91年	0.02%	62.84年
30	0.06%	52.03年	0.03%	57.91年
35	0.07%	47.18年	0.04%	53.00年
40	0.10%	42.35年	0.06%	48.11年
45	0.15%	37.57年	0.09%	43.26年
50	0.24%	32.89年	0.14%	38.49年

年齡（歲）	男性		女性	
	死亡率	平均餘命	死亡率	平均餘命
55	0.40%	28.34年	0.20%	33.79年
60	0.64%	23.97年	0.30%	29.17年
65	1.03%	19.83年	0.43%	24.63年
70	1.69%	15.96年	0.69%	20.21年
75	2.68%	12.41年	1.15%	15.97年
80	4.49%	9.18年	2.18%	12.01年
85	8.18%	6.46年	4.50%	8.51年
90	14.54%	4.41年	9.28%	5.71年
95	23.68%	2.94年	17.74%	3.64年
100	36.99%	1.89年	30.62%	2.29年
101	40.18%	1.73年	33.63%	2.09年

※資料來源：日本厚生勞動省《令和元年簡易生命表概況》

▶ 什麼是大數法則？〔圖2〕

即使一開始數據上的機率（實證機率）有偏差，只要該現象重複發生，其結果便會不斷接近該現象理論機率的一種規律。

出現2的機率是 $\frac{1}{5}$

就算實際骰10次骰子，骰出的點數也會有所偏差。

1,000次

骰出2的機率接近 $\frac{1}{6}$

不過只要重複擲骰子好幾千次，骰出的結果便會逐漸接近理論上的機率。

如何預測花粉 在空氣中的飛散量？

原來如此！ 用歷史數據與杉樹雄花的生育進行**相關分析**。
前一年夏天的氣象條件等資料很重要！

對花粉症患者來說，**花粉在空氣中的飛散量**多寡是很重要的資訊。日本氣象廳在每年2月前後都會發布春季杉樹花粉飛散量的預測結果，不過這些資料又是透過什麼樣的機制預測出來的呢？

杉樹花粉的飛散量取決於杉樹雄花的花粉產量。在研究調查花粉產量會因哪些原因增減時，所使用的便是統計的**「相關」**原理。杉樹雄花的生育狀況頗受前一年夏季氣象條件的影響。研究人員會對從歷史數據得到的假說進行統計上的分析，例如哪些氣象條件（平均氣溫、降雨量等）與杉樹的花粉量有關，並從中得出結論。

順道一提，目前已知的是：**平均氣溫高、日照時間長且降雨量少的夏季會增加杉樹雄花的花粉生產量，導致隔年春天的花粉飛散量變多**。如果觀察杉樹花粉飛散量的個別數據，就會發現它們之間的關係是正相關〔**圖1**〕。

另外，**杉樹花粉開始飛散的時間趨勢也是根據歷史數據的分析算出來的**。花粉開始散布的那一天，可以用1月1日以來的最高氣溫相加後的數值來計算。據分析，當累積最高氣溫大約達到400～500℃時，杉樹花粉就會開始飛散〔**圖2**〕。

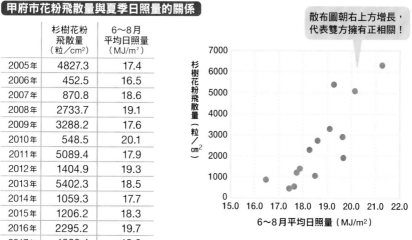

用相關分析判定花粉飛散量

▶ 預測花粉在空氣中的飛散量〔圖1〕

花粉飛散量與前一年夏季氣象條件的關聯性可從散布圖看出。

甲府市花粉飛散量與夏季日照量的關係

	杉樹花粉飛散量（粒／cm²）	6～8月平均日照量（MJ/m²）
2005年	4827.3	17.4
2006年	452.5	16.5
2007年	870.8	18.6
2008年	2733.7	19.1
2009年	3288.2	17.6
2010年	548.5	20.1
2011年	5089.4	17.9
2012年	1404.9	19.3
2013年	5402.3	18.5
2014年	1059.3	17.7
2015年	1206.2	18.3
2016年	2295.2	19.7
2017年	1922.4	19.6
2018年	2909.3	21.3
2019年	6308.9	17.5

※資料來源：日本氣象廳

散布圖朝右上方增長，代表雙方擁有正相關！

兩者具有正相關（→P149），這種關係代表平均日照量多，隔年的花粉飛散量就會變多。

▶ 花粉開始飛散日期的原理〔圖2〕

依照過去的氣象數據，從1月1日起，每天最高氣溫加起來的累計溫度超過一定數值時，往往就是花粉開始飛散的日子。

甲府市的杉樹花粉飛散日期

開始飛散日期	從1月1日起的累計最高氣溫
2015年2月21日	472℃
2016年2月14日	449℃
2017年2月16日	467℃
2018年2月16日	396℃
2019年2月11日	437℃

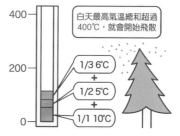

白天最高氣溫總和超過400℃，就會開始飛散

1/3 6℃
+
1/2 5℃
+
1/1 10℃

據分析，以甲府市來說，累計最高氣溫達400～500℃時，花粉便開始飛散。氣候和最高氣溫的值各地不同，因此累計最高氣溫也因地而異。

利用手機就能查出即時人口統計數字？

原來如此！ 以基地台區域內的**行動裝置**數量為基礎，**推估**該區域內**人口數量**的機制！

　　各位應該曾在新聞上看過記者測量主要車站的人流變化或人群的移動吧。這些是怎麼算出來的呢？

　　其實這種數據稱為「**即時人口統計**」，而且能透過行動裝置的資料來調查。目前舊式行動電話或智慧型手機這類行動裝置的普及率約為84%，其普及率正以一人一台的趨勢增長。**利用這些行動裝置上的大數據，就可以計算特定區域的人口數量。**

　　手機基地台會定期掌握其涵蓋區域內的手機數量，以便讓手機接收到電話或簡訊。在即時人口統計中，會先刪除電話號碼等可識別個人身分的資訊，再去計算基地台內的手機數量。以這份數字為本，對照各家電信業者的市占率（市場占有率），同時也參考一下人口普查的人口統計數字，藉此推算該區域的人口數量〔**右圖**〕。

　　用行動裝置計算的人口統計數據是**24小時365天，每10～15分鐘提供一次**。運用這套機制，甚至可以估算主要車站的白天人口、夜間人口，或是追蹤地圖上的滯留人口和移動人口狀況。這套機制還能用性別或年齡層等屬性來處理數據資料，在鄉鎮建設、防災計畫與商圈調查上都會應用到。

用智慧型手機統計都市人口

▶ 透過行動裝置進行人口調查

計算基地台電波範圍內的行動裝置數量,再以這個數字為基礎,參考各家電信業者的市占率或人口統計資料,計算該區域內的人口總數。

1 基地台隨時掌握著其涵蓋區域內的手機數量。

2 刪除手機中的個人資訊(如電話號碼、出生年月日等),將資料轉換成無法識別個人身分的數據。

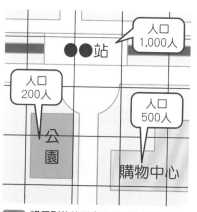

3 將個別的位置資訊套用在地圖上依據手機的市占率等資料,算出人口趨勢。

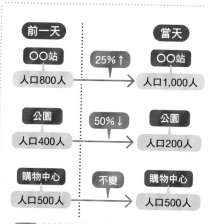

4 比較推導出來的估算數據,計算主要車站的人量增減。

令人恍然大悟的統計學原理 第**1**章

學習能力的標準？
「偏差值」的原理

**原來
如此！** 偏差值指的是自己在一個群體內的學力程度，表示**自身能力與平均值相差多少**的指標！

日本全國模擬考的成績表上可以看到**「偏差值」**。這項數值是一個指標，讓我們能夠知道自己的學習能力在備考群體中位於哪一個階級。其原理機制又是如何呢？

每一場模擬考上的考試難度都會改變。因此，平均分數和個別考生的分數落點也大不相同，要是只看自己的分數或結果，會不太清楚自己的成績是進步還是退步。

於是大家才會**採用偏差值作為一個判斷依據，好了解自身分數比所有考生的平均值高（或低）多少**。

偏差值由個別學生的分數、整體平均分數，以及分數的分散度（即「標準差」➡P102）所計算而得。在算式上，為了方便建立對成績好壞的印象，會把一些數值**標準化**（➡P104），所以考試平均分設定成50，標準差則是10〔**右圖**〕。也就是說，若我拿到的分數**等同於所有考生的平均分數**，那麼我的**偏差值即為50**。

由於偏差值是用來知曉自己在參加考試者中的相對位置的指標，因此這項數值會隨著參加考試者的組成差異而出現大幅變化。比如說，就算拿日本全國模擬考跟校內模擬考的偏差值的起伏來比較，也無法形成有效的參考。

偏差值的平均值為 <u>50</u>

▶ 什麼是偏差值？

偏差值被用來當作測量考生學力的數值。像大學入學模擬考的分數就是以偏差值來表示該考生的成績在全體考生中位於哪個程度。

某個班級的國文考試

	分數	偏差值
學生 1	48	38
學生 2	80	62
學生 3	50	39
學生 4	68	53
學生 5	75	58
學生 6	48	38
學生 7	90	69
學生 8	70	54
學生 39	80	62
學生 40	76	59
平均分	64.2	
標準偏差	13.3	

計算偏差值的公式

$$偏差值 = 50 + 10 \times \left(\frac{學生分數 - 平均分數}{標準差} \right)$$

標準差的計算方式

$$標準差 = \sqrt{\frac{(學生分數 - 平均分數)^2 的總和}{學生人數}}$$

例 計算學生7偏差值的方法

$$50 + 10 \times \left(\frac{90 - 64.2}{13.3} \right) = 69$$

成績分布圖

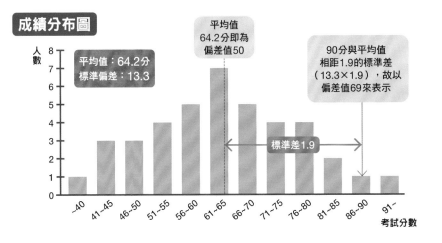

平均值：64.2分
標準偏差：13.3

平均值64.2分即為偏差值50

90分與平均值相距1.9的標準差（13.3×1.9），故以偏差值69來表示

標準差1.9

人數　考試分數

~40　41~45　46~50　51~55　56~60　61~65　66~70　71~75　76~80　81~85　86~90　91~

Q 偏差值有可能超過100嗎？

有可能	or	不可能

某次模擬考冒出「出現偏差值超過100的學生了！」的傳言。即使在日本全國模擬考拿到好成績，偏差值最多也不過是75左右，這個「偏差值超過100」的情報是真的嗎？

　　偏差值是**依照參加考試的考生全體平均分數，與個人分數的分散度算出來的數值**（➡P77）。至於偏差值是否有可能超過100，這點只要看看下面的例子並加以思考，馬上就會明白了。

　　舉例來說，在一個40人的班級中舉行考試，結果考0分的有19人，10分的有20人，50分則是1人。此時全班的平均分數是6.25

偏差值會超過100嗎？〔圖1〕

學生19人	學生20人	學生1人
0分	10分	50分
➡偏差值43	➡偏差值54	➡偏差值101

40人的考試
平均分數
6.25分
標準差為
8.57分

分，標準差為8.57分。

套用第77頁的公式來計算，發現拿到50分的那個人，其偏差值是101〔圖1〕。而且在這種情況下，明明有些人考0分，偏差值卻還有43。0分還有偏差值……因為結果如此，所以在這種狀況下的偏差值不太能拿來當成績的參考。

綜上所述，假如**這場考試所有學生的分數差異不大，同時自己考出來的分數跟平均分相距甚遠**，那偏差值就有可能達到100以上。也可以說這是一種成績分布呈現極端差距的狀況。偏差值的數值沒有上下限制，因此**偶爾也會出現負值**〔圖2〕。順便一提，真實的模擬考似乎也會出現超過100的偏差值。在好幾百人參加的模擬考中，平均分數極低的時候，排名在前段班的人，其偏差值超過100的情況並不罕見。

偏差值是負的？〔圖2〕

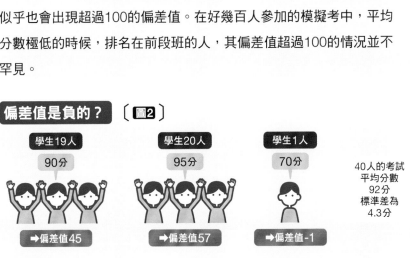

學生19人	學生20人	學生1人
90分	95分	70分
➡偏差值45	➡偏差值57	➡偏差值-1

40人的考試
平均分數
92分
標準差為
4.3分

令人恍然大悟的統計學原理 第1章

28 國民平均收入與
[實例] 平均壽命之間有什麼關聯？

**原來
如此！** 藉由**散布圖**查看兩個變數的「**相關**」，
便可發現：**平均收入愈高，平均壽命就愈長**！

在統計上，要估算兩個定量變數之間的關係時，會採用名為「**相關**」的原理（➡P148）。**右圖**是瑞典的統計學家羅斯林（Hans Rosling）繪製的各國平均壽命與平均收入關係圖表。這種圖表叫做泡泡圖，是「**散布圖**」的一種。從這張圖表中可以看出一個趨勢：當x軸的平均收入增加時，y軸的平均壽命也會隨之增加，顯示兩者之間存在「**正相關**」（➡P149）。

接著嘗試從整體俯瞰右方圖表，會發現**每人平均所得愈高，基本上平均壽命就愈長**。

此外，若在圓圈附近拉出一條直線（回歸線➡P152），還能更進一步了解其他事情。譬如美國處於一個國民所得很高，平均壽命卻相對較低的位置；哥倫比亞則是收入中等，人民卻很長壽的國家……等，這些資訊都一目了然。

如果再加上過去的數據，**或許還能用時間序列來查看相關圖的圓圈如何位移**。作為參考，我們在圖上添加了日本平均壽命與平均收入的變化；從散布圖上可看出，就像日本的發展一樣，世界各國也正逐漸向右上移動。

透過「散布圖」可清楚了解數據的相關性

▶ 平均壽命與平均收入的關聯（2020年）

平均每人收入愈高的國家，其平均壽命有較長的趨勢。

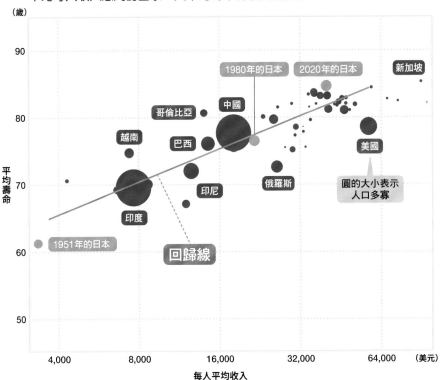

上方圖表還新增了日本自1951年以來的變化。第二次世界大戰剛結束的1950年左右，日本的平均收入和平均壽命都很低。看得出在1980年左右，日本爬到現在中國的位置，並逐漸發展成長。

※資料來源：Gapminder（www.gapminder.org）

令人恍然大悟的統計學原理 第1章

統計能得知葡萄酒的價格是真的嗎？

原來如此！ 運用回歸分析建立的「**葡萄酒方程式**」，就能**預測葡萄酒的品質**！

　　法國波爾多葡萄酒經過熟成後的味道更好，因此評價高的陳年葡萄酒甚至會被拿來進行投機交易。約在1980年代時，美國統計學家艾森菲特（Orley Ashenfelter）就**挑戰了這種陳年葡萄酒的預測**。

　　即使是同一間廠商在同一地點以相同手法做出來的葡萄酒，價格也會因製造年分的差異而大相逕庭。另外，由於葡萄酒的原料是葡萄，葡萄果實的品質也會受到其生長期時的氣候影響，因此艾森菲特就把重點放在這個條件上〔**圖1**〕。

　　換言之，**在提升葡萄品質上**，艾森菲特認為**葡萄生長期會受到炎熱乾燥的氣候影響**，於是在廠商的協助下，針對「不同年分的陳年葡萄酒價格」，以「葡萄生長期的平均氣溫」、「收成期的降雨量」及「前一年冬季降雨量」進行**回歸分析**（➡P152）。艾森菲特從中得出**「葡萄酒方程式」**，可用這套方程式預測陳年葡萄酒的價格〔**圖2**〕。

　　有一年，葡萄酒方程式算出來的結果跟葡萄酒專家對1986年波爾多葡萄酒的評價有些分歧。結果發現艾森菲特的預測才是正確的，這證明一件事：只要蒐集數據資料，就算不是葡萄酒評論家也能預測葡萄酒的優劣。

葡萄酒的品質取決於葡萄品質

▶ 葡萄酒的品質因何而定？〔圖1〕

對葡萄酒品質的好壞來說，氣候是很重要的條件。艾森菲特把1952～1980年分陳年葡萄酒的價格與夏季氣溫及降雨量套用在散布圖上，並加以分析。

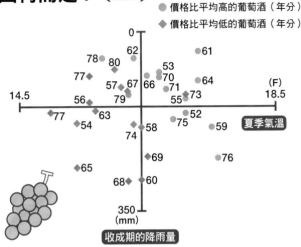

● 價格比平均高的葡萄酒（年分）
◆ 價格比平均低的葡萄酒（年分）

▶ 葡萄酒方程式〔圖2〕

將葡萄酒價格以對數（商數）表示，並以「1961年的陳年葡萄平均價格」的0為基準，當數值接近0時價格較高，數值為負數時則較為便宜

對「三種氣象條件」和大幅影響葡萄酒定價的「葡萄酒年分」進行「陳年葡萄酒價格」的回歸分析，計算其回歸係數，導出預測葡萄酒價格的方程式。

$$\log\left(\frac{\text{某年陳年葡萄酒的平均價格}}{\text{1961 年陳年葡萄酒的平均價格}}\right)$$

截距　　回歸係數
$= -12{,}145 + 0.001167 \times$ 前年冬季降雨量 (10～3月)

回歸係數
$- 0.003860 \times$ 收成期降雨量 (8、9月)

回歸係數
$+ 0.6164 \times$ 葡萄生長期的平均氣溫 (4～9月)

回歸係數
$+ 0.02385 \times$ 年分 (1983年設定為0)

※資料來源：Orley Ashenfelter, David Ashmore & Robert Lalonde〈Bordeaux Wine Vintage Quality and the Weather〉

30 可以用統計學調查
[實例] 湖裡的游魚數量嗎？

 原來如此！ 透過在捕獲的魚上做標記的「**標識再捕法**」，就能在一定程度上推估**湖中魚群的數量**！

日本的人口等數據可以用人口普查來調查，但要計算山野裡活躍地四處移動的生物數量卻是相當困難的。當無法直接計數的時候，就會用統計學來進行推算。推算的方法有很多種，這裡我們來試著了解一下「**標識再捕法**」。

所謂的標識再捕法，是一種「捕捉一部分的個體後，再推測整體數量」的估算方式。以鯉魚為例，一開始先適當捕捉湖中的鯉魚，然後在魚身上做好記號（標識）並放回湖裡。過一段時間後，再捕捉一定數量的鯉魚，查看其中有多少隻是上次做過記號的魚。

如**右圖**所示，這時「有記號的鯉魚占整座湖中的所有鯉魚數（母體）的比例」與「有記號的鯉魚占第二次抓到的鯉魚總數（樣本）之比例」應該是一致的，因此便能從這個比例算出整座湖的鯉魚數量。這套方法採用**抽樣調查的機制：計算一部分的個體數量，再推斷整體的數量**（➡P108）。

標識再捕法不能用在個體數變化大的生物身上，像是出生數量多，或是個體會頻繁出入的生育場所等。此外，在實驗的當下，應該也會有容易捕捉的魚跟不好捕捉的魚。要矯正這些偏誤，就要進行實際生物數量的調查。

藉<u>抽樣調查</u>的機制去數魚的數量

▶ 用標識再捕法估算湖中鯉魚數量

❶ 整座湖中有幾條鯉魚？

思考整座湖中有幾條（N條）鯉魚。

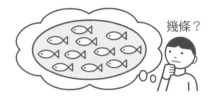

幾條？

❷ 捕捉鯉魚

捕捉湖中的鯉魚，在於身上做記號。

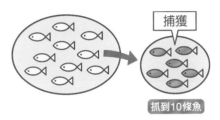

捕獲

抓到10條魚

❸ 放回鯉魚

將做了記號的鯉魚放回湖裡。

放生

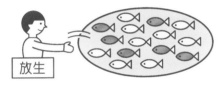

放回池裡的鯉魚跟池裡原本的鯉魚
充分混在一起後，執行❹的重新捕捉！

❹ 重新捕捉鯉魚

再次從湖裡抓鯉魚上來，計算有標記的鯉魚
數量（假設是3條）。

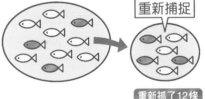

重新捕捉

重新抓了12條

❺ 計算整座湖泊的鯉魚數量

「重新捕捉的鯉魚裡有3條做了記號」與「重新捕捉的鯉魚共12條」，以及「整座湖的鯉魚共
N條」和「做了記號的魚10條」，其比例將會一致。

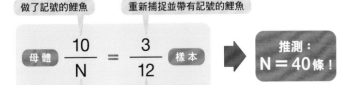

做了記號的鯉魚   重新捕捉並帶有記號的鯉魚

等同於
母體和樣本
的比例！

母體 $\dfrac{10}{N} = \dfrac{3}{12}$ 樣本

整座湖的鯉魚   再次被捕捉的鯉魚

推測：
N＝40條！

令人恍然大悟的統計學原理 第1章

31 兒童健康手冊的生長曲線圖也是統計而成的嗎?

[實例]

原來如此! 這份圖表是以**過去累積的嬰幼兒資料**製成,用來確認**孩童成長的大略標準**!

女性懷孕時,日本地方政府會發放健康手冊給准媽媽。手冊上刊載了**「嬰幼兒生長曲線」**的圖表。**右圖**是男孩版圖表,這也是按照統計資料製成的。

嬰幼兒生長曲線是顯示嬰幼兒標準成長狀況的圖表。這張圖表是基於厚生勞動省的調查,將日本全國嬰幼兒的身體測量數據提取出來,依百分位數分布繪製而成。**百分位數代表的是:將數據從小到大排序後,位於某百分比位置的值**〔**右圖**下〕。第3百分位數就是從小往大數到第3個百分比時所對應到的身高體重數字。第50百分位數代表中位數(➡P100),3~97%的曲線則含括整體的94%。

也就是說,如果有100個小孩,其中94名小孩的身高和體重數值會被畫在圖上帶狀曲線之中。這些帶狀曲線是一個概略的指標,父母按照孩童的月齡、年齡標記其身高體重的數值,只要該數值大致位於這個範圍內皆屬健康成長的範疇。順勢一提,這種生長曲線圖除了有嬰幼兒版本外,日本政府也準備了孩子直到18歲以前的版本。

▶ 什麼是嬰幼兒生長曲線圖？

將身高與體重的生長發育數值（第3、10、25、50、75、90、97百分位數）畫成分布圖的圖表。

> 從生長曲線中可以知道，3個月大的小孩，其身高的中位數約為60公分

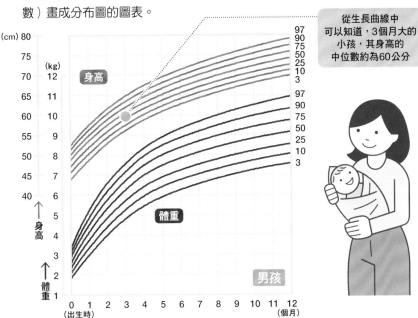

術語 Column

> **百分位數**
> 是什麼？

將數據從小到大排序，此時從最小的數字開始往上數，對應某百分比位置的值就是百分位數。

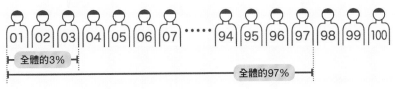

第3百分位數　　　　　　　　　　　第97百分位數

全體的3%

全體的97%

※資料來源：日本厚生勞動省〈嬰幼兒身體發育評價指南〉

透過片段資訊來預測！「德國坦克問題」

在抽樣調查中，除了本書前面介紹過的「從大量樣本推論母體」以外，還有一種方式是**根據零星樣本進行推斷**。

這是第二次世界大戰期間的事，當時同盟軍曾遭受德國坦克車的摧殘。因此同盟軍便嘗試研究德國每個月能製造出多少輛的坦克車。

同盟軍把目光放在那些被俘坦克零件的序號上。序號指的就是製造編號，因此會從1開始編列。同盟軍**以俘獲坦克車上的序號為基礎，透過算式準確估算了坦克車的總生產量**。據說他們在戰後將這份數據與德國那邊的資料一對比，發現估測的數值幾乎完全正確。

是什麼方法讓他們估算出德國坦克的總產量呢？

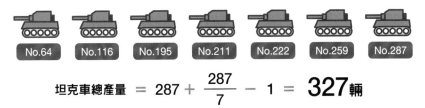

德國坦克問題的公式

$$母體數量 = m + \frac{m}{n} - 1$$

樣本量
（序號最大值）

$\frac{m}{n} - 1$
藉此
算出序號間的
平均間距

（坦克車總產量）

樣本中的最大值
（序號的最大值）

樣本量
（俘獲坦克車的數量）

例 當俘獲7台戰車，且其序號分別為「64」、「116」、「195」、「211」、「222」、「259」及「287」時，坦克車的總產量估計是多少？

No.64　No.116　No.195　No.211　No.222　No.259　No.287

$$坦克車總產量 = 287 + \frac{287}{7} - 1 = \mathbf{327}_{輛}$$

　　同盟軍注意到被俘坦克車序號上的「平均間距」，並推測在俘獲的坦克車裡，最大的序號應該最接近坦克車的總產量。將最大的序號數字加上俘虜坦克的的序號平均間距後，便能藉此推估坦克車的總產量了。

　　這個算式非常簡單，是由「俘獲坦克車數量」與「俘獲坦克車序號的最大值」計算而得〔**上圖**〕。這種推算方式被稱為**「德國坦克問題（German tank problem）」**。聽說戰爭期間，這套手法不僅計算了坦克的數量，還曾算出導彈的生產數量，受到相當廣泛的運用。

令人恍然大悟的統計學原理 **第1章**

①

發現人口動態的規律
約翰・葛蘭特
（1620－1674）

葛蘭特（John Graunt）發現了與人類出生和死亡密切相關的規律，並開創人口調查統計學研究的先河，因而聞名於世。

葛蘭特當時是在倫敦開店的富裕商人。他為人公正，個性討人喜歡，是一位非常活躍的人物。他的工作範圍十分廣泛，從生意糾紛的調解人到市議會的議員，甚至還曾在資產階級革命時擔任過軍隊的將領。在以商人的身分活動的過程中，他開始研究教會所保存的死亡表。

在倫敦，每個星期，各個教會的教區都會分發紀錄該區出生、死因及埋葬數量的「死亡表」。為了對社會做出更多的貢獻，葛蘭特整理分析這些死亡表，並將其成果彙整起來，出版了一本名為《對死亡表的自然與政治觀察（*Natural and Political Observations Made upon the Bills of Mortality*）》的書。書中表示，他透過死亡表的統計發現好幾個規律，像是某些種類的死因總是在總死亡人數中維持一定的比例（例如肺病），以及男孩的出生人數比女孩多等。

此外，他還將人類壽命的分布以死亡生殘表的形式統整起來，據說這就是現代「生命表（➡P70）」的原型。

而葛蘭特的成就也與其朋友佩提（William Petty）的「政治算術」（在統計學上掌握及預測社會狀況，測量國力的方法）和「人口統計學」有關，他也被稱為這兩種學說的創始人。

第**2**章

增廣你的知識！
統計學的
觀點與關鍵詞

統計有各種用途，例如調查某個群體的特徵，
或是從局部研究整體的特色等。
在本章中，將透過了解統計學的關鍵字與其內容，
來探討統計學的觀點和思考方式。

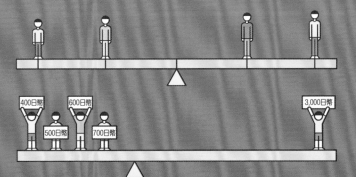

32 注意使用方法？
[基礎]
統計必備圖表的特徵①

原來如此！ 長條圖和折線圖顯示數值的量與變化，
圓餅圖與堆疊長條圖用來看比例！

　　如果只是把數據蒐集起來，就不過是單純的數字集而已。要分析
數據，就必須將數據視覺化，並解讀那些光靠數字很難直觀的資訊。
因此在統計學上，「圖表」是非常重要的工具。這些圖表各自都有著
什麼樣的特點呢？下面我們就來了解一下最具代表性的4種圖表。

　　「**長條圖**」是一種很適合**單純比較數值差異**的圖表。由於圖中長
條的高低直接形成體積，所以可以一眼掌握數據的大小〔➡**右圖** 1 〕。

　　「**折線圖**」能一目了然地**看出目標對象因時間所產生的數值變
化**。隨時間推移記錄的資料稱為「時間序列」，折線圖可說是最適合
展示時間序列的圖表〔➡**右圖** 2 〕。

　　「**圓餅圖**」是以圓形顯示比例。整個圓餅代表100%，資料值的
比例與扇形圓心角成正比。因為是經由扇形面積了解比例大小，所以
在展示組成比例等狀況下特別有效〔➡**右圖** 3 〕。

　　「**堆疊長條圖**」適合查看**某個項目占整體數據的比例**。即使有很
多條數據，只要將項目的長度排列整齊，就能夠比較各數據間的組成
比例〔➡**右圖** 4 〕。

藉圖表查看那些難以用數字直觀的資訊

▶ 主要圖表的種類①

❶ 長條圖

此圖表的縱軸表示資料量，長條高度代表資料數值。適合比較數據資料的大小。

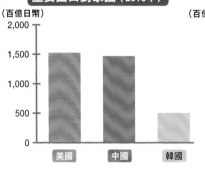

主要出口對象國（2019年）

（百億日幣）

美國　中國　韓國

❷ 折線圖

設定橫軸為時間，縱軸表示資料量，並將各個數據以線段連接。可透過折線的位移觀察數據變化。

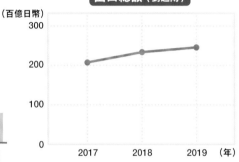

出口總額（對越南）

（百億日幣）

2017　2018　2019　（年）

❸ 圓餅圖

以整個圓餅為100%，並用扇形表示其所占比例的圖表。扇形的面積大小適合拿來表示組成比例。

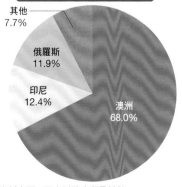

煤炭進口對象（2019年度）

其他 7.7%
俄羅斯 11.9%
印尼 12.4%
澳洲 68.0%

❹ 堆疊長條圖

顯示某個項目占整體數據的比例。整齊並列出長度相同的長條，可以比較其各自的組成比例。

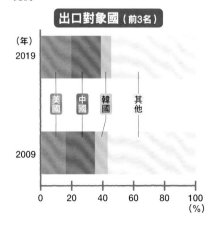

出口對象國（前3名）

（年）
2019
美國　中國　韓國　其他
2009

0　20　40　60　80　100（%）

※資料來源：日本財務省貿易統計

33

[基礎]

整理數據資料？
統計必備圖表的特徵②

**原來
如此！** 柱狀圖（直方圖）、散布圖、箱形圖
及雷達圖要根據其用途及目的來使用！

前面第92頁介紹了平常常見的圖表，而這一節則是要介紹一些平常看不太到的罕見圖表。

「柱狀圖（直方圖）」用於表示連續且同質的數據分布密度，比如身高或儲蓄金額。其外觀跟長條圖長得很像，不過直方圖的長條面積表示的是次數頻率（符合某個階級的資料數量），高度則是代表數據的分布密度〔➡**右圖** 1 〕。

「散布圖」這種圖表會在分析**代表兩個項目之間關係的相關性**（➡P148）時使用。在縱軸和橫軸上分別套入不同項目，在數據交錯處標示圓點。透過這些圓點的位置，可查出兩項資料值的關係〔➡**右圖** 2 〕。

「箱形圖」是用來觀察**資料值分散度**的圖表。用於敘述統計或推論統計等處，前者可比較兩種不同數據的分散度，例如兩個班級的平均身高之類的。盒形區域代表四分位數（將資料分成四等分時的分割點數值），鬚狀線兩端則顯示最大值與最小值〔➡**右圖** 3 〕。

「雷達圖」是將第92頁介紹過的長條圖以環狀來表示的圖表，相較之下會更好判讀。形狀是從中心畫出放射狀延伸的長條圖〔➡**右圖** 4 〕。「南丁格爾玫瑰圖（極區圖）」（➡P165）也是其一。

也有表示分散度和相關性的圖表

▶主要圖表的種類②

❶柱狀圖（直方圖）

查看數據的分布密度。橫軸為資料的等級，縱軸用作數據分布密度，面積與資料數量成比例。

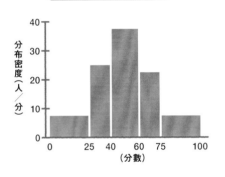

國文考試的成績分布

❷散布圖

查看兩種數據之間關係的圖表。在橫軸與縱軸上分別套入不同數據，在數據交錯處標示圓點。

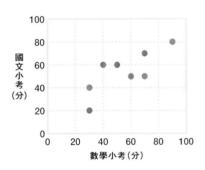

國文與數學成績散布圖

❸箱形圖

可以在有多項數據時，比較這些數據的分散度。數據集中在盒形區域，兩端表示最大值和最小值。

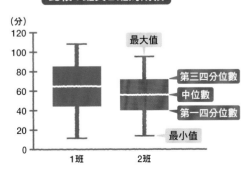

比較1班與2班的成績

❹雷達圖

將長條圖製成環狀圖，是一種從中心向外放射狀延伸的長條圖。愈靠外環，數值愈大。

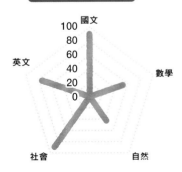

學生A的成績比較

增廣你的知識！統計學的觀點與關鍵詞 第2章

34 「平均」不單純只是相加再除盡而已？

[記述統計]

原來如此！ 平均值是**群體的代表值**之一，
而且平均還**有好幾種類型**！

統計上有各式各樣的「平均」概念。就讓我們來了解一下其中的概念。

所謂的平均值，顧名思義就是「均勻平分的數值」。比如說把所有的資料數值都放在蹺蹺板上，這時左右平衡的支點位置即為平均值〔**圖1**〕。

平均值有好幾種類型。我們先來看看「簡單平均（非加權）」和「加權平均」。「簡單平均」是所有數值單純相加，不做任何更動所算出來的平均值。另一方面，「加權平均」則是為每個數值加上「權重」後的平均值。

加權平均會**考量到每個項目的條件差異，在計算平均值之前，會先幫數值加上各個項目所擁有的「權重」**〔➡ P98 **圖2**〕。權重指的是各個數值本身所帶有的輕重程度。例如在「股價平均值」中，因為企業的總市值各不相同，所以將這份價值設為權重，並與其各自的股價相乘之後再算出平均值。

卻說平均值會依其處理項目而有不同的種類。**「算數平均數」是所有數字的總和除以蒐集而來的資料數量**所算出的數值。一般說的「平均值」，多半都是指這一種〔➡ P98 **圖3**〕。

接下來是「**幾何平均數**」〔➡ P99 **圖4**〕，這種平均值會**在計算**

▶平均值是什麼？〔圖1〕

平均值指的是「均勻平分的數值」。以蹺蹺板為例來解釋的話會很好懂。

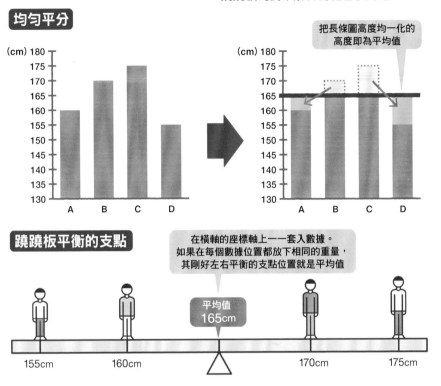

均勻平分

把長條圖高度均一化的高度即為平均值

蹺蹺板平衡的支點

在橫軸的座標軸上一一套入數據。
如果在每個數據位置都放下相同的重量，
其剛好左右平衡的支點位置就是平均值

平均值
165cm

155cm　　　　160cm　　　　　　　　170cm　　　　175cm

變率的平均數時使用。舉例來說，像是「GDP的年平均經濟成長率（➡P26）」或「企業平均營業額增長率」等。由於變率會因相乘而改變，因此用算數平均數來計算的話會算錯平均值。

「**調和平均數**」用於**計算每個單位量的平均值**〔➡P99 圖5〕。譬如說，在求「從家到公司往返的平均速度」時，要是單純以算數平均數計算往返時速，會因為沒考慮到往返時所花費的時間而算錯。在調和平均數中，會把時間也考慮進去，計算速度的平均值。

根據處理項目的不同分成幾種

▶ 什麼是加權平均？〔圖2〕

為各個項目添加權重後再計算平均值的辦法。

Q 定食屋每份餐點的平均單價是多少？

菜單	項目x 價格	權重w 銷售數量
每日套餐	650日幣	50個
特別套餐	1,000日幣	25個
優惠套餐	400日幣	40個
飽腹套餐	800日幣	20個

加權平均的公式

$$平均值 = \frac{x_1 w_1 + \cdots + x_n w_n}{w_1 + w_2 + \cdots + w_n} = \frac{650 \times 50 + \cdots + 800 \times 20}{50 + 25 + 40 + 20} = \mathbf{663}_{日幣}$$

套餐價格×所有銷售數量的總和

n表示自然數

銷售數量的總和

▶ 什麼是算數平均數？〔圖3〕

將所有數值的總和除以資料值數量所算出來的數值。

Q 如何算出8名男性的平均體重？

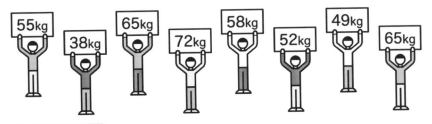

55kg　38kg　65kg　72kg　58kg　52kg　49kg　65kg

算數平均的公式

$$平均值 = \frac{x_1 + x_2 + \cdots + x_n}{n} = \frac{55 + 38 + 65 + \cdots + 65}{8} = 約\ \mathbf{56}_{kg}$$

A~H先生的體重總和

人數

▶ 什麼是幾何平均數？〔圖4〕計算變率平均值時使用。

Q 如何算出某公司5年內銷售額的平均增長率？

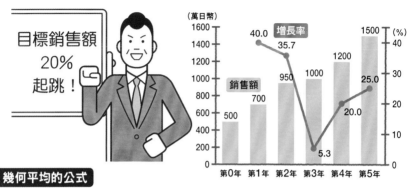

幾何平均的公式

$$平均值 = \sqrt[n]{x_1 \times x_2 \times \cdots \times x_n} = \sqrt[5]{40 \times 35.7 \times 5.3 \times 20 \times 25} = 約\ \mathbf{20.7}\%$$

將所有增長率相乘後取根號

▶ 什麼是調和平均數？〔圖5〕求每單位量的平均值時使用。

Q 往返自家與公司的平均時速是多少？

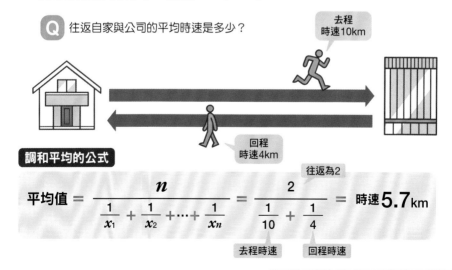

調和平均的公式

$$平均值 = \cfrac{n}{\cfrac{1}{x_1} + \cfrac{1}{x_2} + \cdots + \cfrac{1}{x_n}} = \cfrac{2}{\cfrac{1}{10} + \cfrac{1}{4}} = 時速\ \mathbf{5.7}\ km$$

往返為2

去程時速　　回程時速

35 「平均數」
[記述統計] 不一定是「代表值」？

 原來如此！ 代表值有**平均數**、**中位數**、**眾數**三種。
要小心會影響平均數的**離群值**！

代表群體的中心值稱為**「代表值」**。雖然其通常指的是「平均數」，但也有例外。

舉例來說，在比較5個小孩的零用錢金額時，如果只算零用錢額度相近的4個人，平均數就是550日幣，不過裡頭有1個小孩的零用錢是3,000日幣，因此平均數被這個小孩拉高，其他4個小孩的零用錢則變得低於平均水準。這種與蒐集來的數據平均**相差很大的數值叫做「離群值」**〔**圖1**〕。**平均數會強烈受到這個離群值的影響，而且往往無法成為代表值**。

除了「平均數」以外，還有**「中位數」**和**「眾數」**兩種代表值。以**圖2**為例，雖然平均數是「562萬3,000日幣」，但大多數的家庭都低於平均水準。在這種情況下，這張圖表的代表值應該是中位數或眾數才對。

中位數是最接近群體分布正中央的數值。在**圖2**中，收入依序排列並平分後，其邊界值為中位數「437萬日幣」。恰好以中位數為界，左右兩邊的家戶數相等。

眾數意指出現次數最多的數值。在**圖2**柱狀圖（直方圖）最高的地方是占全體13.6%家戶數的「200～300萬日幣」，這個數值就是這份圖表的眾數。

代表值指的是平均數、中位數或眾數

▶ 平均數受到離群值影響〔圖1〕

假如在數據中添加極高的數值，支點的位置（平均）就會出現很大的偏差，導致超過平均數的人幾乎消失，這樣的平均數就不能稱為群體的代表值。

4人的平均數為550日幣

400日幣　500日幣　600日幣　700日幣

5人的平均數是1,040日幣

離群值

3,000日幣

左邊4人的零用錢平均為550日幣，但加上身為離群值的第5人後，平均數就會提升

▶ 中位數與眾數〔圖2〕

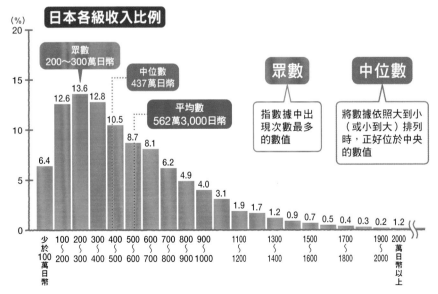

日本各級收入比例

(%)

眾數 200～300萬日幣

中位數 437萬日幣

平均數 562萬3,000日幣

眾數：指數據中出現次數最多的數值

中位數：將數據依照大到小（或小到大）排列時，正好位於中央的數值

6.4　12.6　13.6　12.8　10.5　8.7　8.1　6.2　4.9　4.0　3.1　1.9　1.7　1.2　0.9　0.7　0.5　0.4　0.3　0.2　1.2

少於100萬日幣　100～200　200～300　300～400　400～500　500～600　600～700　700～800　800～900　900～1000　1100～1200　1300～1400　1500～1600　1700～1800　1900～2000　2000萬日幣以上

※資料來源：日本厚生勞動省〈2019年 國民生活基礎調查概況〉

增廣你的知識！統計學的觀點與關鍵詞　第2章

36 比「平均」更重要？ 「分散」與「變異數」

[記述統計]

原來如此！ 用平均值看不出來，表示**資料分散度**的指標！

　　統計有顯示群體特性的數值，名為**「分散度」**或**「變異數」**。這些又是什麼樣的數值呢？

　　僅只觀察平均數（⇒ P96），會無法知道所蒐集的數據分布是集中在平均數附近，還是廣泛散開。這種時候**用來調查數據分布狀況的指標就是「分散度」**，而**將其數值化以後即為「變異數」**。

　　右圖是調查飯糰混搭小組A與B的資料。從飯糰重量的平均值來看，會無法辨別A組與B組的差異。不過**只要查閱變異數的數值，就能發現A組的數值比較大，分散度也比較廣**。

　　變異數是由個別飯糰的**「離差」**計算出來的。所謂離差，意思是「數據與平均值之間的差異」。算出小組內所有飯糰的離差，這個數值平方（離差平方和）後的平均值便是變異數。

　　離差的代表值經常會採用**變異數的平方根**（相同數字相乘後再開根號的算式），這個就是「標準差」。要注意的是，若以簡單平均計算離差，則正負相抵，離差為0。

將分散度數值化，即為變異數

▶「變異數」代表數據的「分散度」

變異數是顯示蒐集而來的數據分散到什麼程度的數值。資料值分散度愈大，變異數的數值就愈大。

例 A、B兩種飯糰組合的個別飯糰重量，哪一組的數值比較分散？

A組

① 117g ② 84g ③ 82g

④ 96g ⑤ 106g ⑥ 115g

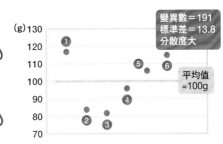

變異數＝191
標準差＝13.8
分散度大

平均值
＝100g

B組

① 97g ② 98g ③ 102g

④ 101g ⑤ 103g ⑥ 99g

變異數＝4.7
標準差＝2.1
分散度小

平均值
＝100g

標準差的計算方式（以A組為例）

A組的
117g飯糰

A組飯糰的
重量平均值

離差 ＝ 資料值 － 平均值　　　離差1 ＝ 117 － 100 ＝ 17

離差平方和 ＝（離差1）² ＋（離差2）² ＋…＝（17）² ＋（-16）² ＋…＝ 1146

$$離差平方和 = (離差1)^2 + (離差2)^2 + \cdots = (17)^2 + (-16)^2 + \cdots = 1146$$

變異數 ＝ 離差平方和 ÷ 資料值數量 ＝ $\dfrac{1146}{6}$ ＝ 191

標準差 ＝ $\sqrt{變異數}$ ＝ $\sqrt{191}$ ＝ 13.8

37 數據比對的指標？
[記述統計] 「標準差」與「標準化變數」

原來
如此！ 透過「**標準差**」和「**標準化變數**」，
就能比較兩種數據的「變異數」！

「**標準差**」（➡ P102）是**表示數據與平均數之間差異的數值**。我們以某間學校100名學生的考試結果為例：

該次國文和數學考試的平均分都是50分。國文考試所有人都考50分。在這種狀況下，學生的分數不太分散，標準差為0。另一方面，數學考試則有一半的人考0分，一半的人100分。兩者都跟平均分差「50」分，因此標準差是50。

在比較好幾個數據時，「**標準化變數**」是一個很方便的指標。當時的考試，有名學生的數學考了70分，國文也拿到70分。兩項考試的平均分都是50分，光看分數來比的話，無法了解哪一個科目的成績比較好。只要將這些數據「標準化」，就能知道哪一科的成績在全體學生中較為優異〔**右圖**上〕。70分的數學，算出其標準化變數為0.98；70分的國文，其標準化變數則是1.64，國文的數值距離平均值更遠，代表這個分數在班級中名列前茅。

綜上所述，**為了方便比較多項數據而將平均值與標準差一起計算的數值，就稱為「標準化變數」**。

然後再應用這套計算方式得出偏差值〔**右圖**下〕。標準化變數會將平均值轉換成0，標準差為1；而在偏差值中，平均值被設定為50，標準差則改成10。

用標準化變數比較零散的數據

▶ 標準化變數與偏差值

讓不同數據之間的比對變得更簡單。偏差值是標準化變數的應用形態。

> **例** 學生A的國文和數學成績，哪一科考得比較好？

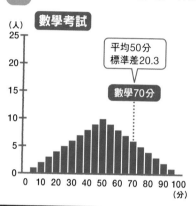

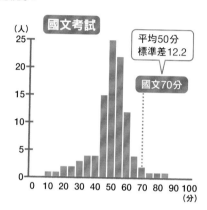

標準化變數的公式

$$\text{標準化變數} = \frac{x - \bar{x}}{\sigma}$$

分數（變數） 平均值 　 標準差

數學70分的標準化變數
$$\frac{70 - 50}{20.3} = 0.98$$

國文70分的標準化變數
$$\frac{70 - 50}{12.2} = 1.64$$

偏差值的公式

$$\text{偏差值} = 50 + 10 \times \frac{x - \bar{x}}{\sigma}$$

分數（變數） 平均值 　 標準差

數學70分的標準化偏差值
$$50 + 10 \times \frac{70 - 50}{20.3} = 59.8$$

國文70分的標準化偏差值
$$50 + 10 \times \frac{70 - 50}{12.2} = 66.4$$

➡ **國文成績離平均分數更遠，代表在班上排名較前！**

增廣你的知識！統計學的觀點與關鍵詞 **第2章**

Q 哪一種賭博遊戲可以一獲千金？

| 遊戲A | or | 遊戲B | or | 都一樣 |

假設有兩個擲骰子的遊戲A跟B，可以憑骰子的點數得到獎金（參加費1次3,500日幣）。獎金總額兩邊都一樣，不過得到的獎金額度會依擲出來的點數而改變。在想把手邊的錢從4,000變成6,000日幣的時候，應該選擇哪一種遊戲來玩呢？

遊戲 A	
	獎 金
1	1,000日幣
2	2,000日幣
3	3,000日幣
4	4,000日幣
5	5,000日幣
6	6,000日幣

總額
21,000日幣

遊戲 B	
	獎 金
1	0日幣
2	0日幣
3	0日幣
4	4,000日幣
5	7,000日幣
6	10,000日幣

總額
21,000日幣

賭博是很難贏的遊戲。假如想把手上的4,000日幣增值到6,000日幣以上，那麼要選哪種遊戲比較好呢？

首先，計算遊戲A與遊戲B的期望值及標準差〔右圖〕。遊戲A的期望值是3,500日幣，標準差大約是1,700日幣。另一邊的遊戲B，期望值3,500日幣，標準差則是3,900日幣。

這裡的期望值，指的是在無限重複進行遊戲時，平均每次可贏得的獎金額度。根據大數法則（➡P114），只要不斷重複玩遊戲，贏得的獎金便會愈來愈接近期望值。順便一提，兩款遊戲的期待值都一樣是3,500日幣。另一方面，標準差（➡P104）顯示的是獎金的分散度。兩款遊戲在這項數值上的差異相當大，而**這項標準差的大小，其實是表示賭博性的高低程度。**

這次我們加上一個條件：「把手上的4,000日幣增值成6,000日幣」。因為骰得愈多次，愈靠近期望值，所以目的應該是玩一次遊戲就一獲千金。

兩款遊戲的期望值有多少？

 遊戲A細項

	獎金	機率
1	1,000日幣	$\frac{1}{6}$
2	2,000日幣	$\frac{1}{6}$
3	3,000日幣	$\frac{1}{6}$
4	4,000日幣	$\frac{1}{6}$
5	5,000日幣	$\frac{1}{6}$
6	6,000日幣	$\frac{1}{6}$

期望值…3,500日幣
標準差…約1,700日幣
=標準差小
=獎金分散度不高

=賭博性低！

 遊戲B細項

	獎金	機率
1	0日幣	$\frac{1}{6}$
2	0日幣	$\frac{1}{6}$
3	0日幣	$\frac{1}{6}$
4	4,000日幣	$\frac{1}{6}$
5	7,000日幣	$\frac{1}{6}$
6	10,000日幣	$\frac{1}{6}$

期望值…3,500日幣
標準差…約3,900日幣
=標準差大
=獎金分散度很高

=賭博性高！

也就是說，只擲一次骰子，並祈禱在遊戲B上骰出5或6的骰數。這才是一獲千金的正確解答。一旦骰出1～3的點數，就馬上爽快放棄讓錢增值的目標，這一點很重要。

38 為什麼抽樣調查不用全面普查就能知道群體特徵？

原來如此！ 抽樣調查是聞一以知十的手段！
隨機抽選和誤差是其可靠性的關鍵！

　　在抽樣調查中，會根據局部的資料（樣本）推斷整體（母體）情況〔**圖1**〕。這簡直就是「聞一知十」的體現，可為什麼不用全部調查，也能做出高準確度的調查呢？

　　舉例來說，充分攪拌均勻的味噌湯因為味道很均勻，所以想嚐味道不必整鍋喝掉，只要喝一口就足夠了。同樣地，**如果能提取出**與全國國民（母體）具有相同組成的**「部分國民群體（樣本）」，就可以推論這個群體的意見等同於全國國民的意見**。

　　要是在選擇樣本時摻雜挑選人的意志，這些樣本就不適合當「母體的試吃員」了。**只有隨機無為地挑選樣本，才能夠抽選出與母體擁有相同結構的樣本。**在這個時候，隨機抽選的條件就是讓母體所有要素被抽選的機率相等，以使這份樣本可以試吃到真正的味道。

　　即使滿足上述所有條件，在調查中想了解的「母體真實性質」與「樣本調查結果」之間，也會因為這些偶然挑選出的樣本而**產生機率上的偏差（誤差）**。因此在抽樣調查中很重要的一點，是了解抽出樣本的機率分布（表示使該數值成真的機率➡P124）。透過從樣本中取得的觀測值計算樣本的機率分布，即樣本分布（➡P110），之後再去推估母體的特徵〔**圖2**〕。

從部分數據推斷群體性質

▶什麼是抽樣調查？
〔圖1〕

隨機取出一部分的數據（樣本），觀察這些樣本，並藉由觀察中所獲得的數值推算全體（母體）性質的調查方法。

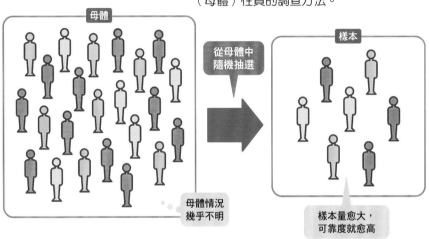

母體

從母體中隨機抽選

樣本

母體情況幾乎不明

樣本量愈大，可靠度就愈高

▶抽樣調查的重點〔圖2〕

❶隨機抽取樣本

就像試喝味噌湯一樣，必須充分混勻，讓母體中所有因素被選到的機率相等，再去提取樣本。

❷從樣本推斷整體情況

「母體的性質」與「樣本的調查結果」之間會產生機率上的偏差，因此一定要考慮到這一點，計算樣本分布狀況，再去推測母體的資訊。

母體

樣本

39 抽樣調查的要點？
[推論統計] 什麼是「樣本分布」？

> **原來如此！** 樣本分布是指「從同一母體中，**偶然抽選出的樣本將會是什麼模樣**」的機率分布！

在抽樣調查上，研究**「樣本分布」**很重要。其講的是一種**隨機的分散狀態**──「即使母體相同，從中抽選的樣本會偶然形成什麼樣子」。

舉例來說，假設我們為了調查某一個年級學生的平均體重，而隨機抽出10名學生的體重數據。實際的抽樣調查只要抽一次樣本就結束了，但只要想做，樣本可以無限次抽取。當然，每次抽選，這10人群體的樣貌都會改變，因此這些由抽選出的10人群體測量出來的平均體重，每一次的樣本都會有所變動。

在上述的抽樣調查中，只要不斷重複抽選樣本，就能得到大量不同樣本的平均值。我們可以**將這些數值的分散狀況（分布）畫成圖表**，這種情況下的分布就叫做「樣本分布」〔**右圖**〕。

抽樣調查有一個特性（中央極限定理➡114），就是不論母體的分布狀況（稱作「母體分布」）如何，隨著樣本量的增加，樣本平均數的分配也會更接近常態分布（➡P112）。因此**就算母體分布沒有恢復，也可單憑常態分布的性質進行推測，這就是抽樣調查的要點**。

可從樣本平均值的分散方式取得

▶ 什麼是樣本分布？

展現從母體重複抽取的樣本，其平均值分散狀況的一種分布圖。

❶ 從母體中抽出樣本

為了調查某一年級學生的平均體重，不斷隨機抽選學生的體重數據，如此一來，每次的樣本平均值都會有所變化。

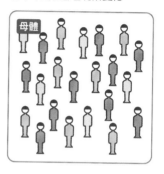

若從母體隨機抽選目標……

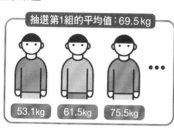

抽選第1組的平均值：69.5kg

53.1kg　61.5kg　75.5kg

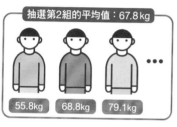

抽選第2組的平均值：67.8kg

55.8kg　68.8kg　79.1kg

❷ 不斷反覆抽出樣本

累積觀測值畫成柱狀圖（直方圖）後，可產生感覺很接近母體分布的分布狀況。以體重來說，其本身並非常態分布。

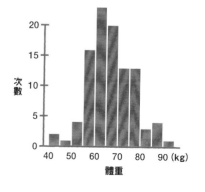

❸ 樣本分布接近常態分布

按照中央極限定理來說，要是樣本量非常大，其樣本分布就會接近常態分布的形狀。另外樣本分布的平均值也會接近母體平均數（母體的真實平均值），標準差則是貼近母體標準差的 $1/\sqrt{n}$（n是樣本量）。

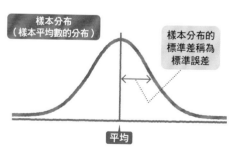

樣本分布（樣本平均數的分布）

樣本分布的標準差稱為標準誤差

平均

統計學的重點？
什麼是「常態分布」？

> **原來
> 如此！**
>
> 「常態分布」是統計學**機率分布的一種**，
> 會形成**左右對稱**的鐘形圖表！

　　在統計學上，「**常態分布**」是一項非常重要的要素。它究竟有著什麼樣的樣貌呢？

　　「常態分布」是**一種鐘形左右對稱的機率分布，其特性是以平均值為中心，在平均值附近的數值觀測較為容易，但只要離開平均值就會變得很難觀察**。正如前一頁解說中提到的，在統計學中，常態分布主要多用於抽樣調查上。雖說樣本量大且充足是常態分布的前提，但其優點是：就算不恢復要調查的母體分布，也可以**把從樣本中所取得的樣本平均數的分布視為「常態分布」，並加以推算**〔**圖1**〕。

　　常態分布的圖形很特殊，是在數學上定義得非常細的鐘形圖。因此只要套入平均值和標準差，就能嚴密定義出這個形狀。

　　另外，在常態分布上，從平均值到標準差的幾個區間內出現數據的機率是固定的。比如說，**數據進入平均值前後1個標準差區間的機率必定是68.3%左右**。這個機率也能用公式計算出來〔**圖2**〕。

　　在第18頁的收視率調查或第34頁的內閣支持率民調中，就是利用這套機制來估算母體的狀況。

可透過平均值與標準差建立常態分布

▶ 常態分布的特徵是什麼？〔圖1〕

只要是按照常態分布呈現的數據，就能知道「平均值±標準差」的範圍內涵蓋全體的多少百分比。

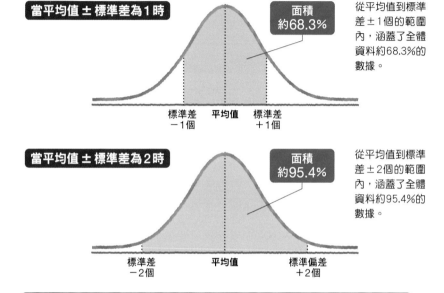

當平均值 ± 標準差為1時

面積
約68.3%

標準差
－1個　平均值　標準差
＋1個

從平均值到標準差±1個的範圍內，涵蓋了全體資料約68.3%的數據。

當平均值 ± 標準差為2時

面積
約95.4%

標準差
－2個　平均值　標準偏差
＋2個

從平均值到標準差±2個的範圍內，涵蓋了全體資料約95.4%的數據。

因為這些數值都是固定的，所以可以成為抽樣調查的指標！

▶ 常態分布的公式　隨機變數可計算取值為x的機率密度。
〔圖2〕

隨機變數　隨機變數的平均值

$$f(x) = \frac{1}{\sigma\sqrt{2\pi}}\, e^{-\frac{(x-\mu)^2}{2\sigma^2}}$$

標準差

標準差　自然常數（2.71…）

增廣你的知識！統計學的觀點與關鍵詞　**第2章**

「大數法則」與 「中央極限定理」是什麼？

原來如此！ 利用「大數法則」及「中央極限定理」， 讓**樣本分布**呈現**常態分布**的樣貌！

接下來將介紹**「大數法則」**與**「中央極限定理」**，兩者保證了樣本分布與常態分布之間的關係。讓我們用日本全國14歲男孩的體重調查數據來了解一下這兩種理論〔**圖1**〕。

雖說這份數據看起來呈鐘形分布，但比起體重不到平均一半以下的學生，體重超過平均兩倍以上的學生數量多更多。因此數據分布也是往體重較種的右端偏移，左右並不對稱。這種分布方式經常能在家庭收入或企業規模等眾多數據上看到。

然而在抽樣調查中，即使母體未能像**圖1**那樣形成常態分布，從古至今也有大量的研究證實**「若樣本量夠大，那把樣本分布看作常態分布也沒有問題」**。而**對這個性質予以解釋的，便是「大數法則」和「中央極限定理」**。

首先是「大數法則」的相關內容。舉例來說，雖然擲骰子點數出現的機率各為六分之一，但就算實際擲了10次左右的骰子，骰出來的點數也會跟數據有些偏差。不過**若是不斷重擲骰子記錄數據，則資料上的機率（實證機率）就會愈來愈接近理論上的機率，即六分之一**。這種現象稱為**「大數法則」**〔➡P116**圖2**〕。

樣本平均數會隨著樣本量增加而無限趨近母體的平均值，大數法則對此提供了統計學上的保證。

▶鐘形分布也各有不同〔圖1〕

母體也會有不對稱的數據，不一定是常態分布的形態。

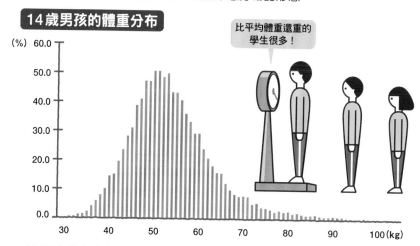

14歲男孩的體重分布

比平均體重還重的學生很多！

接著是「中央極限定理」。一般來說採集樣本時只會計算一個平均值，但是**如果不斷地以相同的條件抽選量大充足的樣本，樣本平均數的分布就會近似於常態分布**。這現象就叫做「**中央極限定理**」〔➡P117圖3上〕。這套定理保證，不管母體分布的形狀如何，只要從中抽取的樣本量夠大，就也能把樣本平均數的分布看成常態分布。

在抽樣調查中，會運用常態分布的性質去評價樣本平均數與母體平均數之間的差異大小。這時再透過中央極限定理所導出的算式，計算評估偏差的樣本分布的平均值和標準差〔➡P117圖3下〕。

只要樣本量大，法則就會成立

▶ 什麼是大數法則？
〔圖2〕

樣本平均值會隨著樣本量的增加而無限趨向母體的平均。

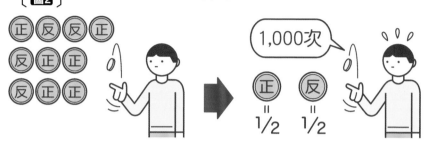

就算實際擲10次硬幣，正反面的出現數量也會參差不齊。

然而只要不斷重複擲硬幣，擲出來的結果便會逐漸接近數學上的機率。

樣本分布與大數法則 盡可能增加樣本量，實驗數據就能無限趨近母體平均數。

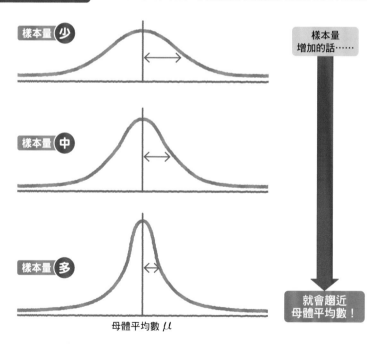

▶什麼是中央極限定理？〔圖3〕

該定理指出，無論母體的分布呈現什麼樣貌，只要樣本量夠大，樣本平均數便會逐漸接近常態分布。

中央極限定理 若盡量增加樣本量，數據就會無限趨近母體平均數。

在從平均數 μ、變異數 σ^2、標準差 σ 的母體
提取樣本量 n 的樣本時，
不管原本母體的圖表形狀為何，隨著 n 數值的增加，

平均數 μ、變異數 $\dfrac{\sigma^2}{n}$、標準差 $\dfrac{\sigma}{\sqrt{n}}$ 的常態分布。

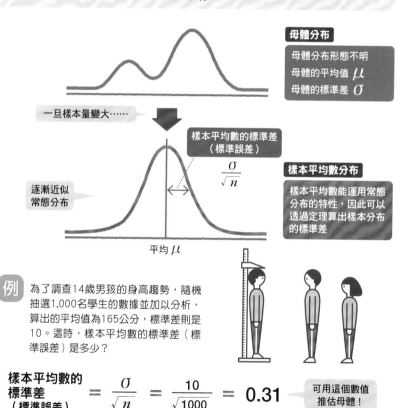

母體分布

母體分布形態不明
母體的平均值 μ
母體的標準差 σ

一旦樣本量變大……

樣本平均數的標準差
（標準誤差）

$\dfrac{\sigma}{\sqrt{n}}$

樣本平均數分布

樣本平均數能運用常態分布的特性，因此可以透過定理算出樣本分布的標準差

逐漸近似
常態分布

平均 μ

例 為了調查14歲男孩的身高趨勢，隨機抽選1,000名學生的數據並加以分析，算出的平均值為165公分，標準差則是10。這時，樣本平均數的標準差（標準誤差）是多少？

樣本平均數的
標準差
（標準誤差）
$= \dfrac{\sigma}{\sqrt{n}} = \dfrac{10}{\sqrt{1000}} = 0.31$

可用這個數值推估母體！

42

[推論統計]

擴大推測的範疇？
「區間估計」的原理

原來如此！ 一種運用**機率**來增加推測範圍的手段，
會讓人**更容易猜中母體的數值**！

在抽樣調查中，母體估算範圍的擴大是一種提升調查可靠性的方法。讓我們來了解一下其樣貌。

母體推估的方式**有「點估計」與「區間估計」兩種；點估計以一個數值來估測，區間估計則是以「大概是這塊區域的數值」的區間範圍來推估**〔**圖1**〕。

試著想一想，假設我們做了一場抽樣調查，藉此了解A市小學生壓歲錢的平均值。這個抽樣調查研究了1,000人，算出其平均值為2萬日幣。這種以**「A市小學生壓歲錢平均值2萬日幣」的單一數值進行推估的方式就是「點估計」**。

然而，樣本必定會出現偏差，而且也無法判斷這種點估計的數值有多少的可信度。**使這項「可信度」變得可知的方法，就是「區間估計」**。

接著我們來看看稍微有點難的區間估計步驟〔➡P120 **圖2**〕。因為母體的分布是壓歲錢的「金額」，所以比起預期金額低於平均值的區間來說，金額高於平均值的區間會更大，呈現一個不對稱的分布（畢竟有些小孩的壓歲錢沒有上限）。儘管如此，**只要樣本量夠大，樣本的平均就會形成常態分布的模樣**。

在這種常態分布中，樣本的平均值等於母體的真實平均值，樣本

▶ 點估計與區間估計〔圖1〕

點估計

以單一數值估算母體。由於是從樣本平均數計算母體平均值，因此很難判斷算出來的數值是否為正確。

用一個數值對群體進行點估計

平均2萬日幣

區間估計

擴大預測範圍，以推估母體的平均值。因為以區間來呈現，所以也能知道推測的可信度。

「大致在這個範圍內」的區間估計

1萬5000日幣　　　2萬5000日幣

平均數的標準差（標準誤差）則取 $\frac{\sigma}{\sqrt{n}}$ 的值（σ是母體的標準差，n為樣本量➡P117）。我們可以利用這個特性來執行區間估計。正如第112頁所述，根據常態分布的性質，**可計算出數據落在平均值前後幾個標準誤差區間內的機率**。當標準誤差為1.956時，樣本平均數落在「真正的母體平均數±1.956×標準誤差」的機率是95%。在標準誤差為2時，樣本平均數落在「真正的母體平均數±2×標準誤差」的機率是95.4%。

　　這次因為從樣本觀察到的壓歲錢平均值為2萬日幣，所以**可以推算這個樣本平均數2萬日幣會以95%的機率落在「母體真正平均值±1.956×標準誤差」的範圍內**。反過來看，使這塊區間涵蓋實測值「2萬日幣」的母體平均數範圍則是「2萬日幣±1.956×標準誤差」。此為母體平均數的「95%信賴區間」，其中的「95%」就是區間估計的「可信度」。一般來說，若要增加可信度，就必須擴大信賴區間。而一旦縮小信賴區間，就得對可信度做一些妥協。

運用<u>區間估計</u>更容易估中母體性質

▶ 區間估計的計算方式〔圖2〕

讓我們以一個具體的例子來逐步了解區間估計的計算方式。

例 將A市小學生壓歲錢的平均值 μ （母體的平均值）以可信度95%來推算。

❶ 從母體中抽取樣本

從A市小學生中隨機抽出1,000人進行調查，結果顯示其壓歲錢平均值為2萬日幣，也知道標準差是5,000日幣。

母體

樣本

母體是A市的小學生，欲了解的是小學生壓歲錢的平均數。

調查抽出的樣本之後發現，壓歲錢的平均值為2萬日幣。

❷ 查看樣本分布

根據觀測到的平均值與標準差繪製樣本分布圖，並調查標準誤差。

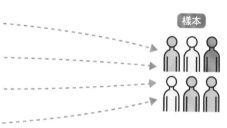

樣本平均數的機率分配

標準誤差

$$\frac{\sigma}{\sqrt{n}}$$

母體的平均值 μ

標準誤差公式

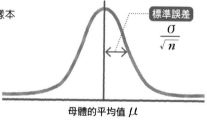

樣本的標準差

$$\text{樣本平均數的標準差（標準誤差）} = \frac{\sigma}{\sqrt{n}} = \frac{5000}{\sqrt{1000}} = 158.1$$

樣本量

❸ 以可信度95% 推算

透過步驟 1 ～ 2 算出來的「從樣本觀察到的平均值（樣本平均數）」與「樣本平均數的標準差（標準誤差）」，並運用常態分布的特性推定母體的平均值 μ。

從樣本中觀察到的壓歲錢平均為2萬日幣。這2萬日幣的樣本平均數有95%的機率落在A市小學生（母體）的真正平均值±1.956×標準誤差的範疇內。 逆推後，得知母體真正平均值的95%信賴區間為「2萬日幣＋1.956×標準誤差」

信賴區間計算方式（當可信度為95%時）

樣本平均數 － 1.956 × 標準誤差 $\leqq \mu \leqq$ 樣本平均數 ＋ 1.956 × 標準誤差

2萬日幣 － 1.956 × 158.1 $\leqq \mu \leqq$ 2萬日幣 ＋ 1.956 × 158.1

19691 $\leqq \mu \leqq$ 20309

可推測A市小學生的壓歲錢平均值為19,691日幣以上到20,309日幣以下，可信度95%！

「信賴區間」的概念

信賴區間所指的是「包含母體平均數真實數值的區間」。例如可信度95%的意思是：在反覆進行抽樣與區間估計100次時，包含母體平均數的信賴區間會出現95次。

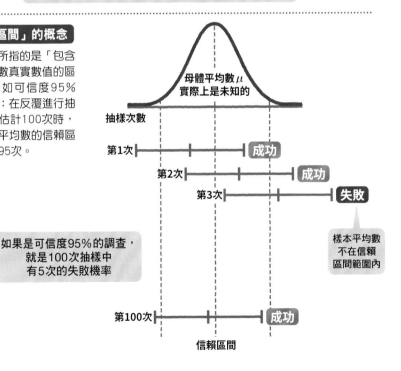

母體平均數 μ
實際上是未知的

抽樣次數

第1次 ├─────┤ 成功

第2次 ├─────┤ 成功

第3次 ├─────┤ 失敗

樣本平均數
不在信賴
區間範圍內

如果是可信度95%的調查，就是100次抽樣中有5次的失敗機率

第100次 ├─────┤ 成功

信賴區間

揭開莎士比亞之謎的「計量文體學」

莎士比亞與培根的文體差異 〔 〕

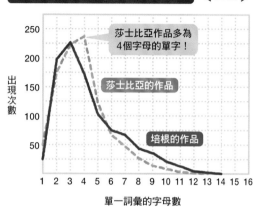

莎士比亞作品多為4個字母的單字！

莎士比亞的作品

培根的作品

出現次數

單一詞彙的字母數

「計量文體學」發現，莎士比亞作品中，4字母單字的出現機率很頻繁；相對地，培根的作品則是經常出現3個字母的單字。

　　英國戲劇作家莎士比亞身上有許多謎團。他的出身不詳，私生活也籠罩在神祕之中，甚至有一派說法，認為「莎士比亞」搞不好是其他作家的筆名……有一名學者就運用統計學挑戰了這種「莎士比亞另有其人論」的謎團。

　　從很久以前，**學者們就投入計量文體學（stylometry）之中，對文體特色進行統計分析，並推斷寫作者的身分**。其中，美國物理學家門登霍爾（Thomas C. Mendenhall）就設計了一個按字母數統計單字出現的機率來辨識寫作者的方法。隨後，他將莎士比亞的作品與作為「真作家候補」之一的哲學家培根做了一番比對。

　　門登霍爾依照字母數1、2、3……的類別核算單字數量，並計算每個單字的出現頻序，畫出一張名為文字光譜（word spectrum）的

※ 資料來源：T. C. MENDENHALL〈A Mechanical Solution of a Literary Problem.〉

大野的語彙法則 〔圖2〕

名詞多的時候，
動詞會有比較少的傾向！

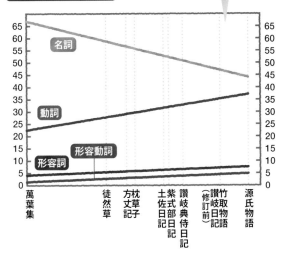

名詞的比例依照《萬葉集》、隨筆散文（《徒然草》、《方丈記》、《枕草子》）、日記（《土佐日記》、《紫式部日記》等）、小說（《竹取物語》、《源氏物語》）的順序減少，動詞跟形容詞的比例反倒增加。幾乎確定的是，其他詞語跟作品無關。

分布圖〔圖1〕。比對兩名作家的分布後，發現莎士比亞的4字母詞彙出現頻率較高，而培根則是3字母詞彙更多，這表示他們的文體具有顯著的差異。這至少證明培根並非莎士比亞。

日本也有人在研究計量文體學。日文學者大野晉在調查《萬葉集》、《源氏物語》及《枕草子》等日本古典文學作品中所使用的詞彙時，**發現這些作品會依據體裁差異，在名詞、動詞、形容詞的比例上出現特有的偏差**〔圖2〕。這個發現被稱作**「大野的語彙法則」**。大野預測這套法則不僅存在於古典作品中，也能在現代作品看見它的蹤跡。

除了文學以外，這種對作品進行數據化分析的行為也會運用在藝術作品上。

※ 圖2 資料來源：大野晉〈關於基本語彙的二三研究〉

43

[機率]

「機率」是什麼？
與統計有何關聯？

 一種**預測事件發生可能性**的機制。
在統計上，主要用於**推論統計**！

　　機率是「可能發生這件事的比例」。用骰子來說，就是「擲骰子時，各種點數出現的可能性比例」〔**右圖**上〕。在實際擲骰之前，我們不會知道會骰出幾點。不過**只要知道每一種點數的擲出機率**是六分之一，**就能預測擲骰的結果**。

　　隨機率變化的數字（例如骰子的每一種點數）稱為**「隨機變數」**〔**右圖**左下〕。這項隨機變數是統計和機率之間的橋梁。實際測量數據（樣本）是由好幾個隨機變數所呈現的數值。從這些觀察到的數值來看，抽樣調查（➡P108）的工作是：嘗試復原位於數據背後（母體）的隨機變數分布情況。

　　而**「機率分配」**便是將機率比作隨機變數的函數。以擲骰子為例，每一面可能的骰數都存在六分之一的機率。把機率分配到各種可能發生的事件上，即為「機率分配」〔**右圖**右下〕。

　　順道一提，隨機變數分成**「離散型」**和**「連續型」**兩種，「離散型」的數值像骰子一樣分散〔➡P126**圖2**〕，「連續型」則類似身高體重般，可在一定的範圍內取得任何數值〔➡P127**圖3**〕。

機率是事件發生可能性的比例

▶「機率」、「機率分配」與「隨機變數」

所謂機率,將偶發事件的發生可能性數值化的概念。下面我們試著以擲骰點數為例。

所謂機率

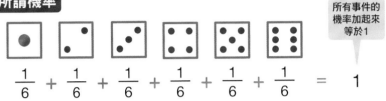

$$\frac{1}{6} + \frac{1}{6} + \frac{1}{6} + \frac{1}{6} + \frac{1}{6} + \frac{1}{6} = 1$$

所有事件的機率加起來等於1

將某個事件有多容易發生的這個程度數值化的機制。骰子的骰數機率各為六分之一,所有骰數的機率總計為1。

所謂隨機變數

一種試驗(➡P129)之後才能確定數值的變數。意指實際執行後才會確定的數值,譬如擲骰子骰出來的點數等。

實際骰出了2點

所謂機率分配

顯示隨機變數的各項數值與該數值實現機率的圖表。骰子每一面骰出的機率同為六分之一,因此分布情形如下圖所示。

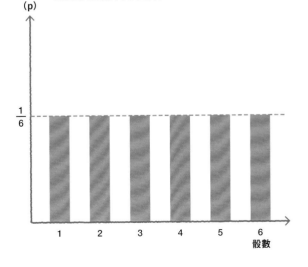

機率(p)

$\frac{1}{6}$

1　2　3　4　5　6
骰數

離散數值形成「離散型」機率分配

▶什麼是「離散型」的隨機變數？〔圖2〕

隨機變數像骰子的點數一樣跳躍分散時，稱作「離散隨機變數」。將機率分配按隨機變數彙整而成的表格就是機率分配表。

例 同時擲出兩個骰子時，骰數總和的機率分配會是什麼模樣？

機率的算法

假設骰數和為7的方法數……

$$\text{兩個骰數總和為指定數值的機率} = \frac{\text{骰數和為指定數值的方法數}}{\text{所有骰數的方法數}} = \frac{6}{36}$$

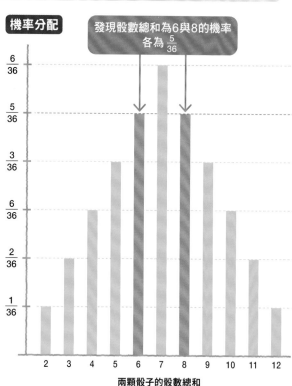

機率分配表

隨機變數

兩顆骰子的骰數總和	方法數	機率
2	1	$\frac{1}{36}$
3	2	$\frac{2}{36}$
4	3	$\frac{3}{36}$
5	4	$\frac{4}{36}$
6	5	$\frac{5}{36}$
7	6	$\frac{6}{36}$
8	5	$\frac{5}{36}$
9	4	$\frac{4}{36}$
10	3	$\frac{3}{36}$
11	2	$\frac{2}{36}$
12	1	$\frac{1}{36}$
合計	36	1

機率分配

發現骰數總和為6與8的機率各為 $\frac{5}{36}$

兩顆骰子的骰數總和

連續數值形成「連續型」機率分配

▶什麼是「連續型」的隨機變數？〔圖3〕

隨機變數的數值連續不斷，例如量身高之類的。這種隨機變數名為「連續隨機變數」。因為數值無數（不可數），所以沒辦法取得每一個數值的機率，只能針對一個數值區間考量其數值產生的機率。

> **例** 某一班的高中一年級男生的數據如下。請問175到180公分的學生有多少機率（比例）？

每1公分身高的相對頻率

身高 （cm）	頻率 （人）	相對頻率 （比例）	分布密度 （／cm）
150以下	22	0.094	≦0.019
150-155	30	0.128	0.026
155-160	39	0.166	0.033
160-165	44	0.187	0.037
165-170	36	0.153	0.031
170-175	30	0.128	0.026
175-180	22	0.094	0.019
180以上	12	0.051	≦0.010
頻率總和	235	1.00	

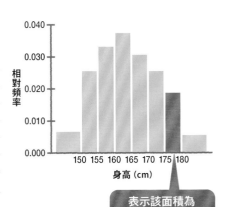

表示該面積為
175≦x<180
的機率

機率以面積來呈現

當數值取連續值時，會針對該數值的區間，以「此範圍的數值出現機率」來表達。

**機率密度
函數f(x)圖表**

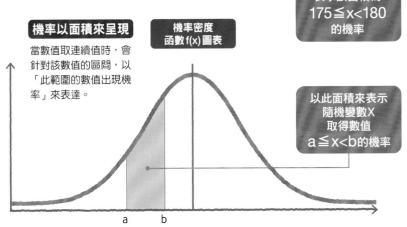

以此面積來表示
隨機變數X
取得數值
a≦x<b的機率

增廣你的知識！統計學的觀點與關鍵詞 **第2章**

44 統計的機率與數學不一樣嗎？

[機率]

**數學的機率是理論機率，
統計的機率是基於實地調查計算的機率！**

　　不管是數學還是統計學，都有「機率」的一席之地。這兩種機率是一樣的嗎？還是說，思考的方式不一樣？

　　首先，在機率論中，做了某件事後所產生的結果叫做**「事件」**。而所有會發生的事件稱為**「全事件」**。所謂機率，就是將問題事件發生的方法數（➡P130）除以全事件的方法數後算出來的數值。條件是，此時所有事件會以同樣的機率發生〔**圖1**〕。

　　舉個例子，假設要算骰1個骰子時，骰數出現1或2的機率。全事件會骰出1～6的6種點數，因此作為題目的事件（骰數1或2）共有兩種。如果無論哪種骰數都是同樣的機率，那該機率就是 $\frac{2}{6}$ ，約分後為 $\frac{1}{3}$ 。可以說，這些都是不必實際操作就能推導出的機率，也就是**「理論機率」**。

　　在統計中，會以基於實地調查觀測到的數字來計算機率。這被稱為**「實證機率」**。實證機率未必與理論機率一致。有時會連續骰出1或2的骰數，有時則幾乎骰不到。不過人們發現，**調查做得愈多，實證機率就愈趨近理論機率**。這就叫做「大數法則」〔**圖2**〕。

機率論與統計的關係

▶ 機率論的概念〔圖1〕

以數學方法處理機率現象的是機率論，也被稱作「理論機率」。

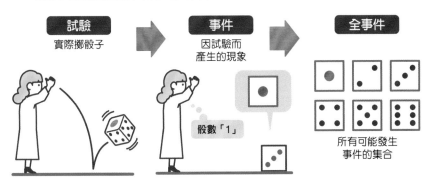

試驗	事件	全事件
實際擲骰子	因試驗而產生的現象	所有可能發生事件的集合

骰數「1」

$$機率（理論機率）= \frac{個別事件的方法數（事件）}{所有事件的方法數（全事件）}$$

▶ 大數法則示例〔圖2〕

大數法則作為橋梁將機率論與統計連接在一起。大量反覆地試驗，會使實證機率不斷趨近理論機率。

測量擲n次骰子後的所有骰數平均值。試驗次數少的時候骰數會很分散，但只要重複擲骰好幾次，骰數就會愈來愈接近平均值3.5。

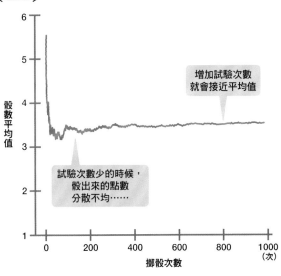

增加試驗次數就會接近平均值

試驗次數少的時候，骰出來的點數分散不均……

骰數平均值

擲骰次數（次）

45 統計學必備？「方法數」的思考方式

[機率]

原來如此！ 調查「**全部有幾種？**」的方法。

為機率的基礎，所以**在統計學中也是必須**的！

　　在同時擲兩顆骰子時，其骰數組合方式有幾種呢？將這些「全部有幾種可能性」的數量計算出來，就叫做計算**「方法數」**〔**圖1**〕。這些「方法數」對於統計常用的「機率」思考來說是必備品。

　　最好理解的方法數計算方式是「樹狀圖」。樹狀圖是**把所有可能發生的事件種類全部寫出來的方法**。正確書寫的訣竅，在於「有規律地描寫」、「不重複撰寫」及「避免漏寫」。

　　然而數字愈大，就愈寫不完樹狀圖——像是同時發三張撲克牌時的可能性總數等。這時就要用公式來計算。基本公式是**「加法法則」**與**「乘法法則」**〔➡P132 **圖2**〕。

　　加法法則指的是在某一事件只會在單一情況下發生時，以方法數相加的方式計算的法則。比如說，假設我們在兩家超商的其中一家買一個便當。A店的便當有5種，B店則是有6種，此時，買便當方法的「方法數」可用5＋6＝11來計算。

　　乘法法則表示在某一事件兩種情況下都會發生時，將方法數相乘後再計算的法則。例如，我們可以試著想想連續猜兩次拳的情況。猜一次拳有3種出法，第二次也有3種出法，因此可算出總共有3×3＝9種出法。

▶什麼是方法數？
〔 **圖1** 〕

方法數是計算「全部有幾種可能性」，最好懂的計數方式是用樹狀圖把所有可能性寫出來。

例 在連續兩次猜拳時，自己的手勢出法有幾種？

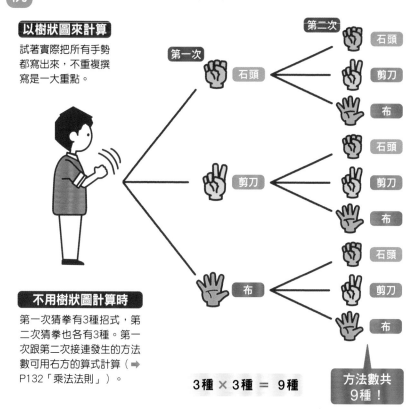

以樹狀圖來計算

試著實際把所有手勢都寫出來，不重複撰寫是一大重點。

第一次

第二次

石頭 — 石頭 / 剪刀 / 布

剪刀 — 石頭 / 剪刀 / 布

布 — 石頭 / 剪刀 / 布

不用樹狀圖計算時

第一次猜拳有3種招式，第二次猜拳也各有3種。第一次跟第二次接連發生的方法數可用右方的算式計算（➡ P132「乘法法則」）。

3種 × 3種 = 9種

方法數共9種！

順道一提，乘法法則的計算方式會依「**排列（有順序關係）**」和「**組合（無順序關係）**」而有所不同〔 ➡ P133 **圖3** 〕。

「加法法則」和「乘法法則」是基本計數方法

▶「加法法則」與「乘法法則」〔圖2〕

加法法則公式

$$m + n \text{ 種}$$

（當A有m種發生方式，B有n種發生方式時）以A與B不會同時發生為前提，事件於A或B任意一方發生的方法數為m＋n種。

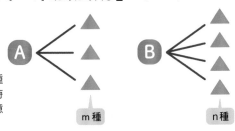

m 種　　　　n 種

A或B發生的情況有m＋n種

例 同時擲兩顆骰子時，「骰出點數的總和是5的倍數」共有幾種組合方式？

因為是「3種＋4種」，所以

方法數共「7種」

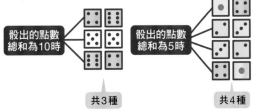

骰出的點數總和為10時　　　骰出的點數總和為5時

共3種　　　　共4種

乘法法則公式

$$p \times q \text{ 種}$$

（當A有p種發生方式，B有q種發生方式時）由於A有p種發生方式，同時B有q種發生方式，因此A跟B同時發生的方法數共p×q種。

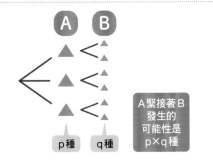

p種　　q種

A緊接著B發生的可能性是p×q種

例 人有3件襯衫、2件褲子時，襯衫和褲子的組合有幾種？

因為是「3種×2種」，所以

方法數共「6種」

注意排列組合

▶ 排列與組合的差別〔圖3〕

在「排列」中，如果排序方式不同，就要視為別的可能性。在「組合」上，排列方式的模式都是固定的。

排列的公式

$$_nP_r = \frac{n!}{(n-r)!}$$

排序＝有順序關係

從不同的n裡依序選出r個選項，將這些選項全部排列的順序共有nPr種。

卡片4張　　從中選出2張

$$_4P_2 = 4 \times 3$$
$$= \boxed{12種}$$

例 從卡片1～4中取出兩張時，連順序也考慮到的排列方法有多少？

①第一張的選擇方式有4種　②第二張的選擇方式有3種　③根據乘法法則將①與②相乘，即可得出排序數量

1-2	2-3	3-4
1-3	2-4	4-1
1-4	3-1	4-2
2-1	3-2	4-3

組合的公式

$$_nC_r = \frac{n!}{r!(n-r)!}$$

組合＝無順序關係

從不同的n裡選出r個，將這些選項全部組合起來的方式共有nCr種。

卡片4張　　從中選出2張

$$_4C_2 = \frac{4 \times 3}{2 \times 1}$$
$$= \boxed{6種}$$

例 從卡片1～4中取出2張時，不考慮順序的組合方法有多少？

①在順序4×3中，順序對調的相同組合各有2!種，所以不考慮排序的組合數可用左方算式求得

1-2	2-3
1-3	2-4
1-4	3-4

Q 五人一起交換禮物， 換到自己禮物的機率是多少？

約13% or 約63% or 約93%

聖誕節當天A、B、C、D和E這五個人各自帶了禮物來交換。此時至少有一個人拿到自己帶來的禮物的機率是多少呢？

自己送的禮物回到自己手裡，感覺一定很悶吧。就讓我們來算一算這種事情發生的機率吧。

在統計上，要想計算一個事件發生的容易度，**「方法數」**（➡P130）的知識必不可少。只要去運用排列組合的知識，這個問題就會很簡單。計算的步驟是：先數出五個人收到這五種禮物（連同自己

什麼是錯位排列？

列舉數字時，i 不會出現在第 i 排的排列順序。

例 n＝4的錯位排列是多少？

n是代表自然數的數學符號

	①	②	③	④ 順序
第1種	2	1	4	3
第2種	2	3	4	1
第3種	2	4	1	3
第4種	3	1	4	2
第5種	3	4	1	2
第6種	3	4	2	1
第7種	4	1	2	3
第8種	4	3	2	1
第9種	4	3	1	2

＝ 全部共9種

錯位排列公式（當n＝5）

$$\text{錯位排列的總數} = n!\left\{ \frac{1}{2!} - \frac{1}{3!} + \cdots + \frac{(-1)^n}{n!} \right\} = 120 \times \left(\frac{1}{2} - \frac{1}{6} + \frac{1}{24} - \frac{1}{120} \right)$$

可用階乘公式算出排列數。
如排列3個人即為3!＝1×2×3＝6

$$= 44 \text{種}$$

的禮物在內）時的方法數。五個禮物全部按順序排列的總數為 $_5P_5 = 120$ 種。

接著數一數五個人都沒有拿到自己禮物時的方法數。雖然感覺可以直接一個一個全部數出來，但這裡我們試著用**「錯位排列」**來計算看看。

錯位排列指的是，**「列舉數字時，i 不會出現在第 i 排的排列順序」**〔**上圖**〕。這樣就能算出扣除禮物回到自己手上的組合總數。經過計算，發現共有44種。

以錯位排列算出來的這44種，是「誰都沒有收到自己禮物的機率」，最後，把這44種除以五個人拿到五種禮物的排列總數120種後，得到的機率為36.67%。

也就是說，至少有一個人抽到自己禮物的機率約有63.33%。順道一提，就算交換禮物的人數增加，至少有一個人抽中自己禮物的機率還是接近1－（1／e）※＝約63.21%。

※e叫做自然常數，是數學的一種常數。其數值會以「e＝約2.7182…」來表示。

46 [機率] 買彩券要贏回多少錢才能算中獎？

原來如此！ 用統計學的「**期望值**」來考慮的話，
一張彩券要拿回**約142日幣以上**才叫中獎！

彩券的中獎金額大小取決於對中多大的獎。雖然也有中了小獎就賺回來的時候，但這種情況下，要贏回多少錢才能算是中獎呢？

在統計學上，有一個詞叫做「**期望值**」。期望值是**在做某項試驗時，其所得結果的平均值**（也稱為隨機變數的平均值）。然後將隨機變數的數值（➡P124）和取得該數值的機率乘起來，再全部相加，即可算出期望值〔**圖1**〕。

彩券中獎的期望值，指的就是抽獎時對獎金的預期中獎金額。如果套用前面的算法，期望值便是中獎金額乘以中獎機率後再全部加起來的數值。

接著，我們以實際的彩券為例，來了解一下它的期望值有多少〔**圖2**〕。算下來，**預計買一張彩券要回收142日幣左右的金額**。換言之，當買了十張300日幣的彩券時，跟平均值比起來，或許只要賺回1,420日幣以上就能說是中獎了。只不過，因為買彩券的期待值是一張彩券價格的一半以下，所以理論上可以說買了一定沒好處呢。

期待值是所得結果的<u>平均值</u>

▶ 什麼是期望值？〔圖1〕

期望值是在做某項試驗時，其所得結果的平均值。

例 在擲骰子比大小的遊戲上，擲一次骰子平均可以期待擲出幾點？

骰數（隨機變數）	1	2	3	4	5	6
其機率	$\frac{1}{6}$	$\frac{1}{6}$	$\frac{1}{6}$	$\frac{1}{6}$	$\frac{1}{6}$	$\frac{1}{6}$

骰出3
＝3點

$$期待值 = 1 \times \frac{1}{6} + 2 \times \frac{1}{6} + \cdots + 6 \times \frac{1}{6}$$

$$= 3.5$$

平均3.5點為期望值！

▶ 每張彩券的中獎機率與期望〔圖2〕

彩券的中獎注量和金額會依獎項而有所不同，因此每一個獎項的中獎機率也不一樣。

獎項	獎金（隨機變數）	單一獎項的總中獎張數	機率	獎金×機率
頭獎	500,000,000日幣	1張	0.0000001	50日幣
頭獎前後一號	100,000,000日幣	2張	0.0000002	20日幣
頭獎同組不同號	100,000日幣	99張	0.0000099	0.99日幣
貳獎	10,000,000日幣	2張	0.0000002	2日幣
參獎	1,000,000日幣	30張	0.000003	3日幣
肆獎	10,000日幣	6,000張	0.00006	6日幣
伍獎	3,000日幣	100,000張	0.01	30日幣
陸獎	300日幣	1,000,000張	0.1	30日幣
銘謝惠顧	0日幣	8,893,866張	0.8893866	0日幣
總　　計		10,000,000張	1	141.99日幣

買一張彩券的期待值是142日幣左右！

※根據2020年日本夏季JUMBO彩券的中獎張數製表。

Q 比中彩券頭獎還罕見的現象是哪一種？

| 被隕石砸死 | or | 一桿進洞 | or | 因空難而死 | or | 都不是 |

日本彩券的中獎機率通常是1,000萬分之1（即0.00001%）。那麼，被隕石砸死、因空難而死，以及打高爾夫一桿進洞的機率之中，究竟哪一個會比中彩券頭獎更稀有呢？

就算說是1,000萬分之1的機率，對一般人來說感覺也很模糊，不過這跟同時擲10顆骰子且每一顆都是相同骰數的機率差不多。那麼，到底哪個例子會有比中頭獎更少見的機率呢？

首先是**被隕石砸死**。有位研究人員推斷這個機率是**160萬分之1**（**即0.000063%**），比中頭獎還容易。

主要罕見現象的機率

項　目	機　率	
用日本抽獎賀年卡抽到紀念郵票的機率	100分之3	3%
生出同卵雙胞胎的機率	約250個新生兒中1對	0.4%
全年發生車禍的機率（2019年）	1,000分之3	0.37%
全年被闖空門的機率（2014年）	約600分之1	0.17%
日本人血型AB型Rh（－）的機率	約2,000人中的1人	0.05%
全年遭遇住宅火災的機率（2013年）	4,078戶中的1戶	0.025%
在日本被選為業餘法官的機率	所有選民8,700人中的1人	0.011%
普通高爾夫球手揮出一桿進洞的機率	12,000分之1	0.0083%
一生中被隕石砸死的機率	160萬分之1	0.000063%
遇到空難死亡的機率（2019年）	585萬航班中的1次	0.000017%
獲得日本彩券「LOTO 6」頭獎的機率	約600萬分之1	0.000017%
買一張日本夏季限定彩券就中頭獎的機率	1,000萬分之1	0.00001%
買一張日本過年限定彩券就中頭獎的機率	2,000萬分之1	0.000005%

　　接著是**揮一桿球就入洞的一桿進洞機率**。這種現象出乎意料地多，據說是**1萬2,000分之1（即0.0083%）**。而且這還是一般高爾夫球手的數值，進入職業賽後，數值好像會直接衝到3,000分之1（即0.03%）。

　　最後是**因空難而死**。依據國際航空運輸協會的統計報告，2019年所有航班共4,680萬趟裡，致死意外有8件，比例為585萬趟航班中的1次。換言之，其機率為**585萬分之1（即0.000017%）**。隨著飛行安全性的提高，這項數值也在不斷降低，所以搞不好哪天就低於中頭獎的機率了。

　　也就是說，正確答案為「都不是」。中獎機率遠超隕石撞擊、一桿進洞跟空難的彩券頭獎。不管是不是有夢最美，取決於接受的人怎麼想。

47 統計學必備？機率計算的基礎知識

[機率]

原來
如此！

「餘事件」、「加法定理」、「乘法定理」、
「條件機率」……計算機率的方法五花八門！

在統計學上，「機率」是一項不可或缺的概念。第124頁介紹了擲骰時計算骰出點數機率的方法，不過為了更了解統計學，我們就再來看看其他方法吧。

首先是關於事件不發生機率的「**餘事件**」。與事件A相對，**其他「A不發生」的現象即為餘事件**。例如在擲出一顆骰子時，事件A是「骰出奇數」的話，餘事件便是「骰出偶數」。其機率算法是從全事件減掉事件A的發生機率〔**圖1**〕。

兩種以上事件發生的機率可以用「加法定理」或「乘法定理」來計算。

「**加法定理」求的是事件A和事件B任一方發生的機率**。其算式會依事件A與事件B是否不同時發生（互斥）而有所不同。這邊我們介紹的是事件A與事件B互斥時的計算方式，例如從52張撲克牌抽一張牌時，求抽出黑桃或方塊的機率〔➡P142**圖2**〕。事件A與B並不互斥時，則用第218頁的公式計算。

「**乘法定理」是計算事件A與事件B同時發生的機率**。這部分的算式也會因事件A跟B的發生機率是否不互相影響（獨立）而改變。本節介紹的是僅限於事件A與事件B獨立時的計算方式，像是同時擲出兩顆骰子，兩顆骰子一起出現1點的機率等〔➡P142**圖3**〕。若

▶餘事件計算法〔圖1〕

一種計算事件機率的方法

例 擲骰一次，骰出1的機率是多少？

骰出1點的方法數

$$P(A) = \frac{A發生的方法數（事件A）}{所有可能發生的方法數（全事件U）} = \frac{1}{6}$$

相對於事件A，其他「A不發生」的現象稱為餘事件

所有骰數的方法數

餘事件機率的計算方式

例 擲骰一次，骰出奇數點的機率是多少？

全事件的機率　　　　　　骰出偶數點的機率　　骰出奇數點的機率

$$P(\overline{A}) = 1 - P(A) = 1 - \frac{3}{6} = \frac{3}{6}$$

A的發生機率　　　　　　所有骰數的方法數

事件A與B不獨立，則用第218頁的算式計算。

最後是有關「條件機率」的概念。比如，假設擲一次骰子，但骰子滾到桌子底下看不見骰數。當下雖然能預見骰數的機率是六分之一，不過旁邊的朋友卻提供了「骰出偶數了」的資訊，此時原本預測的骰數機率就會變成三分之一。

如上所述，**在取得某個條件使機率發生變化的情況就叫做「條件機率」**〔➡P143 圖4〕。這項條件機率的概念可協助我們讀懂貝氏統計學（➡P190）。

存在兩個以上事件時的計算方式

▶一個運用加法定理計算機率的案例〔圖2〕

事件A與事件B互斥時（事件A與B不會同時發生），計算事件A或B任意一方發生機率的方法。

例 從一副抽掉鬼牌的撲克牌中抽一張牌，此時抽到的那張牌是黑桃或方塊的機率為何？（假設A與B不會同時發生）

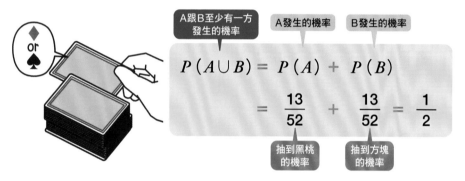

A跟B至少有一方發生的機率

A發生的機率　B發生的機率

$$P(A \cup B) = P(A) + P(B)$$

$$= \frac{13}{52} + \frac{13}{52} = \frac{1}{2}$$

抽到黑桃的機率　抽到方塊的機率

▶一個運用乘法定理計算機率的案例〔圖3〕

事件A與事件B獨立時（事件A與B的結果不會互相影響），事件A發生後，事件B也緊接著發生的機率算法。

例 擲骰子骰出1點（事件A）與丟硬幣丟出正面（事件B）同時發生的機率為何？（假設兩者發生的方式互不影響）

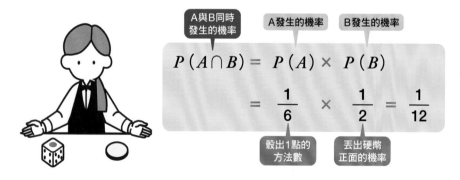

A與B同時發生的機率

A發生的機率　B發生的機率

$$P(A \cap B) = P(A) \times P(B)$$

$$= \frac{1}{6} \times \frac{1}{2} = \frac{1}{12}$$

骰出1點的方法數　丟出硬幣正面的機率

條件增加，機率就會改變

▶ 什麼是條件機率？〔圖4〕

以事件A會發生為前提，發生別的事件B的機率。

例 擲一次骰子。雖然漏看了骰出來的點數，但有人好心告知骰數是偶數。這時骰數為4點的機率是多少？

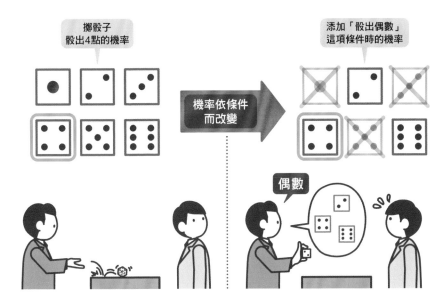

擲骰子
骰出4點的機率

機率依條件
而改變

添加「骰出偶數」
這項條件時的機率

偶數

條件機率計算法 事件A＝骰出偶數的機率　　事件B＝骰出4點的機率

$$P(B \mid A) = \frac{P(A \cap B)}{P(A)} = \frac{\dfrac{1}{6}}{\dfrac{3}{6}} = \frac{1}{3}$$

A與B同時
發生的機率

骰出偶數且
骰數為4的機率

A發生且B也
發生的機率

A發生的機率

骰出偶數點
的機率

48
[推論統計]

是雙側還是單側？
兩大「假設檢定」機制

原來如此！ 假設檢定可依目的不同
分別採用「**雙側檢定**」或「**單側檢定**」！

　　所謂的「假設檢定」是一種建立母體的相關假設後，再從樣本判斷假設是否正確的手段。在假設檢定中，會對自己想以「巧合」為由否定的「虛無假設」建立一個「對立假設」以描述自身主張，並決定一個「到什麼地步才認定是巧合」的顯著水準（➡P50）。

　　雖然到這邊就要進行假設檢定了，但在看到數據偏差後再建立假設時，就得使用「**單側檢定**」。而先建立假設再驗證數據的時候，則實施「**雙側檢定**」。

　　先是單側檢定的例子〔**右圖**〕。剛剛丟硬幣丟了10次，裡頭有9次都是正面。虛無假設會設定「10次中9次丟到正面是偶然」，對立假設則認定「這枚硬幣是容易丟出正面的硬幣」。當顯著水準定為5%時，在丟出硬幣正面的機率是50%的前提下，算出的分布圖中「正面最多的5%單側邊緣」會成為拒絕域。也就是說，**「如果丟10次硬幣，其中有9次以上是正面的機率在5%以下，這種現象就不算巧合」**。

　　接下來是雙側檢定的案例。這邊我們要驗證丟擲的硬幣是否公平。虛無假設認為「硬幣是公平的」，對立假設則設定為「硬幣不公平」。此時**不管是「丟出太多正面」還是「丟出太多反面」，都可以拒絕虛無假設的成立**。顯著水準為5%時，在虛無假設上計算出來的分布圖，兩側邊緣各2.5%都是拒絕域的範疇。

透過假設檢定鑑別<u>假設</u>

▶ 單側檢定的流程

❶ 丟硬幣丟出9次正面

在丟某一枚硬幣丟了10次後，結果是10次中有9次正面。這枚硬幣是不是有問題？

10次裡
丟出
9次正面，
不蹊蹺嗎？

❷ 建立假設

建立自己欲否定的虛無假設，以及自己所主張的對立假設。

巧合？　　　　　　硬幣
　　　　　　　　　有詐？

虛無假設	對立假設
（自身想否定的假設）	（自己要主張的假設）

❸ 決定顯著水準

通常不太會發生罕見的情況。選擇顯著水準的標準，決定可以在多少機率下拒絕虛無假設。

目標
顯著水準 5%

決定顯著水準
（多為5%或1%）

❹ 統計並計算機率

測量硬幣正面出現的機率。

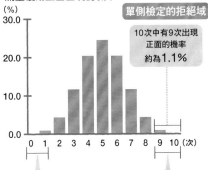

單側檢定的拒絕域

10次中有9次出現
正面的機率
約為1.1%

(%)
30.0
20.0
10.0
0.0
0　1　2　3　4　5　6　7　8　9　10（次）

在雙側檢定上，則是訂定兩側邊緣為拒絕域

❺ 判斷假設真偽

要是機率低於5%，就表示發生了罕見情況，駁回虛無假設，並認定對立假設為真。

硬幣
有問題！

「反正弦定律」顯示賭博的起伏不定

隆起低伏的圖表 〔圖1〕

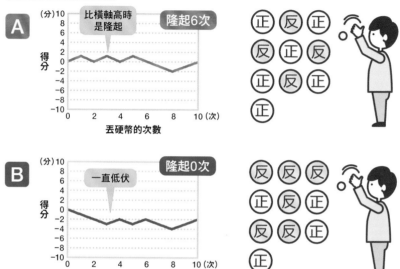

A (分)10 比橫軸高時是隆起　　隆起6次
得分

B (分)10　一直低伏　　隆起0次
得分

丟硬幣的次數

各位在賭博的時候，有沒有過「起起伏伏」的感覺？有時運氣好贏到手軟，有時怎麼也贏不了，輸到脫褲……在統計學上，有一套說明這種**「起伏趨勢」**的法則。

假設有一個丟硬幣的賭博遊戲，得分從0開始，丟出硬幣正面就加1分，丟出反面則扣1分，總共重複10次。硬幣本身沒有問題，丟出正反面的機率都是2分之1。以丟完10次硬幣為1場，結束後核算得分收支。

圖1是用丟10次硬幣的得分變化畫成的圖表。我們以折線位於橫軸上方位置時為「隆起」狀態，位在橫軸下方時則是「低伏」狀態。

表示賭博成果起伏的「反正弦定律」〔圖2〕

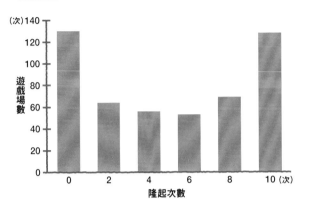

將10次1場的遊戲反覆進行500次之後，計算折線隆起次數並畫成長條圖。次數集中在隆起0次與10次時。

隆起及低況的定義：「隆起」的次數以10次之中，遊戲分數有多少次高於0分的橫軸來計算。從＋1分輸掉變成0分時屬於橫軸上方，從－1分勝利變成0分時則算橫軸下方。

由於這是一場靠硬幣決定且每次勝負五五開的賭博遊戲，因此應該很多人會預測數據容易出現「起伏各半」的狀態，如**圖1 A**所示。

但是實際上，**隨著遊戲場數的增加，「隆起次數共10次」或像 圖1 B 這種「一直低伏（隆起0次）」的情況會變得極為普遍。**

圖2呈現出這個丟硬幣遊戲在實行500場後觀察到的「隆起」次數分布。該圖顯示，最容易出現的兩種狀況是「一直低伏（即隆起次數為0）」和「一直隆起（即隆起次數為10）」。綜上所述，隆起與低伏的時間並非均分各半，這種與直覺相悖的現象被稱作**「反正弦定律」**，是1939年法國數學家萊維（Paul Pierre Lévy）所發現的神奇法則。

49 如何查出兩個變數 之間的關係?

[相關]

定性變數用「交叉表」判別,定量變數則透過「散布圖」和「相關係數」斷定!

接下來,我們會了解一下分析單一數據中所含有的兩個變數(類似x或y這種可以變成各種不同數值的數量)之間關係的統計概念。在統計上,變數分成「定性變數」和「定量變數」兩種。其各自都有不同的調查方法以研究多個變數之間的關係。

「定性變數」指的是像血型、性別、喜好等無法以數字測量的變數,這種類型的數值要先建立**交叉表**,好比對變數之間的關係。舉例來說,在調查「學生身分的顧客與其他身分的顧客,哪一類人會購買肉包」時,因為變數有「學生/學生以外」、「買肉包/不買肉包」兩項,所以做出交叉表來比較數值更為方便〔**圖1**〕。

另一方面,**「定量變數」是指身高、人數及銷售額一類可用數字測量的變數**,這一種則要用**散布圖**來分析。例如調查店內納豆與秋葵的銷售數量,並研究納豆跟秋葵銷售量之間是否有什麼關聯性時,會先繪製散布圖〔➡ P150**圖2**〕。

利用散布圖計算「相關係數」。**「相關係數」意指測量相關關係強弱的數值。**這項指標會以−1到1之間的數字來表示相關的強弱,分成「正相關」與「負相關」兩種。散布圖往右上方集中為**「正相關」,代表一方增加,另一方也會隨之增加(一方減少,另一方也跟著減少)的關係**。往右下偏移則顯示**「負相關」,即一方增加,另一**

▶藉交叉表觀察定性資料的關係〔圖1〕

肉包大多是學生在買，還是學生以外的客人在買？在觀察類似「學生／學生以外」、「買肉包／不買肉包」等定性變數之間關係時，會採用交叉表來進行分析。

[原始表]

No.	客群	肉包
1	學生	購買
2	其他	購買
3	其他	購買
4	學生	未買
5	其他	購買
6	其他	未買
7	學生	未買
8	學生	未買
9	其他	購買
10	學生	購買

交叉表

		客群		總計
		學生	其他	
肉包	購買	6	31	37
	未購買	48	25	73
總計		54	56	110

學生購買肉包的傾向很低，54人中只有6個人！

方會隨之減少的關係。正相關愈強，數值就愈接近1；負相關愈強，數值就愈接近－1。而若接近0，則代表兩者之間為零相關（即毫無相關關係）〔➡P151**下圖**〕。

相關關係還能用**「共變異數」**這項數值判斷。**「共變異數」表示散布圖分布的分散度大小以及兩個變數之間的關聯性，後者會依散布圖分布傾向右上還是右下來辨別。**這項數值在「正相關」時為正數，「負相關」時則為負數。

綜上所述，無論是「定性變數」還是「定量變數」，兩個變數之間的關係都能用數值進行分析。

用散布圖來分析定量變數

▶以散布圖觀察定量變數間的關聯性〔圖2〕

下面我們以具體案例為本,按照步驟來了解定量變數的相關分析。

例 從8家店的納豆與秋葵銷售數量,調查兩者的銷售數量之間是否存在關聯性。

❶藉統計表建立散布圖 運用統計表的兩項變數製成散布圖。

[統計表]

出貨對象	納豆	秋葵
超市A	49盒	67包
超市B	25盒	45包
超市C	15盒	20包
超市D	28盒	43包
超市E	20盒	38包
超市F	70盒	75包
超市G	33盒	48包
超市H	61盒	73包

散布圖

散布圖會各從橫軸與縱軸取指定的量,再對應到該變數的位置標記圓點。

例 超市C的位置

這個點代表賣出納豆15盒、秋葵20包的C店

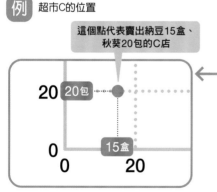

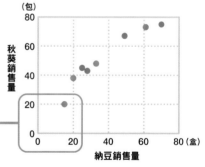

❷ 計算共變異數

這是一種顯示相關關係強度的數值。數值比0大時是「正相關」，數值比0小則是「負相關」。

[統計表]

出貨對象	納豆	秋葵
超市A	49盒	67包
超市B	25盒	45包
超市C	15盒	20包
超市D	28盒	43包
超市E	20盒	38包
超市F	70盒	75包
超市G	33盒	48包
超市H	61盒	73包
平　均	38盒	51包

藉統計表算出離差

[計算離差及變異數]

出貨對象	納豆的離差	秋葵的離差
超市A	11	16
超市B	-13	-6
超市C	-23	-31
超市D	-10	-8
超市E	-18	-13
超市F	32	24
超市G	-5	-3
超市H	23	22
變異數	352	319
標準差	19	18

※離差計算方法請參照第102頁。

A店納豆離差　A店秋葵離差

$$共變異數 = \frac{(11 \times 16) + (-13 \times -6) + \cdots + (23 \times 22)}{8} = 321.3$$

共變異數公式 ➡ P219　　　店家數（個體數）

❸ 計算相關係數

算出相關係數並判斷相關強弱度。數值愈趨於1，表示正相關愈強；愈趨近-1，則負相關愈強。

$$相關係數 = \frac{321.3}{19 \times 18} = 0.96$$

相關係數公式 ➡ P219　　納豆的標準差　共變異數　秋葵的標準差

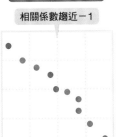

負相關
只要一方增加，
另一方會隨之減少

相關係數趨近－1

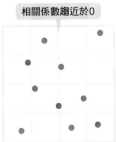

毫無相關

相關係數趨近於0

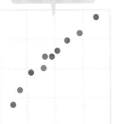

正相關
只要一方增加，
另一方也會一起增加

相關係數趨近＋1

也可以從散布圖的形狀判斷相關強弱度！

50

[回歸分析]

「回歸」之後再分析？
「回歸分析」的原理

**原來
如此！**
透過「回歸分析」了解關聯性強度，
就能**推測那些未知狀況**！

　　一旦知道這兩個調查項目「相關」，就會去想有沒有什麼可以活用這個特質的手段。一間秋葵暢銷的店面，想必納豆也能賣得很好，而且說不定還可以推算出它的銷售量。

　　「**回歸分析**」使這一切成為可能。**右圖**上方是第150頁彙整過的散布圖，圖上顯示8家店的秋葵與納豆銷售量。先畫出一條直線，使這條直線盡可能經過更多的點，這條線叫做**「回歸線」**。此處所說的「回歸」是「回歸平均值」的意思。換言之，**回歸線是針對有範圍的數值，在其平均位置上連出的一條直線**。

　　回歸線的斜率亦稱回歸係數，代表兩個變數調查項目的「關係強度」。另外，回歸直線還能用算式表示（回歸方程式y＝a＋bx）。這裡的b為回歸係數，是用共變異數（➡ P149）除以x的變異數所算出來的值。

　　在這條回歸方程式的x套入該數值，就能估算未知的狀況〔**右圖**下〕。運用回歸分析推測情況，便可藉此進行一些分析，譬如成為納豆熱銷店進貨秋葵時的數量參考，或是了解秋葵賣得好，納豆卻滯銷的店是否在行銷手法上出了問題……之類的。

從回歸方程式推算變數

▶ 散布圖與回歸線

盡可能畫出通過最多點附近的直線，稱為「回歸線」。利用這條線，就能從一個變數推估出另一個變數。

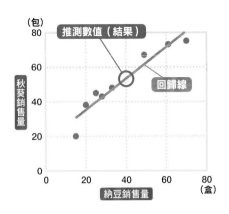

推測數值（結果）

回歸線

（包）

秋葵銷售量

納豆銷售量

（盒）

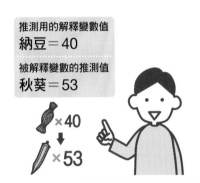

推測用的解釋變數值
納豆＝40

被解釋變數的推測值
秋葵＝53

×40
↓
×53

把回歸線當納豆（解釋變數）的函數估測秋葵（被解釋變數）可以推論納豆暢銷的店，秋葵也會暢銷。

※解釋變數是在回歸分析中用來推測被解釋變數的變數。

回歸方程式算法　透過變異數及共變異數來計算回歸方程式。只要在這個方程式中帶入x值（納豆銷售數），就能算出y質（秋葵銷售數）。

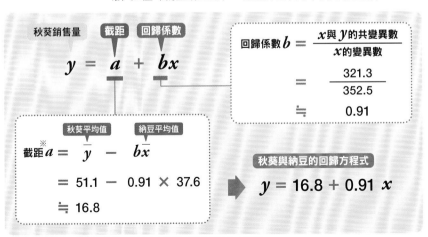

秋葵銷售量　截距　回歸係數

$$y = a + bx$$

回歸係數 $b = \dfrac{x 與 y 的共變異數}{x 的變異數}$

$$= \dfrac{321.3}{352.5}$$

$$\fallingdotseq 0.91$$

秋葵平均值　納豆平均值

截距 $a = \overline{y} - b\overline{x}$

$$= 51.1 - 0.91 \times 37.6$$

$$\fallingdotseq 16.8$$

秋葵與納豆的回歸方程式

$$y = 16.8 + 0.91\,x$$

※截距是直線與y軸間交點的y座標（直線與x軸間交點的x座標）。

51 好像不是沒關係？「虛假關係」的原理

[相關]

原來如此！ 乍看好像沒關係的兩個變數，
會因「第三方因素」而展現強烈關聯性！

在研究兩個變數時，有時會遇到這種情況：乍看感覺彼此毫無關聯的變數，卻出現了強烈的相關性。這時，要小心**「虛假關係」**。

所謂虛假關係，意指兩個變數間沒有直接的因果關係，卻**因第三方因素的影響呈現彷彿相關性很強的模樣**。讓我們看看這個案例並思考一下〔**右圖**〕：

在測量並分析某間國中全體男學生的體能後，發現**「身高高度」與「跑步速度」看起來似乎有什麼關係**。只要身高愈高的學生，其50公尺短跑的秒速就會愈短，相關係數也出現了強烈的負相關（➡ P149），讓人不禁覺得「身高高度」跟「跑步速度」之間存在因果關係……。

在下結論之前，先嘗試從各種角度來考量原因。如**右圖**下所示，我們依不同年級做了一張散布圖來計算相關係數，發現「身高高度」與「跑步速度」的相關很弱。其實「身高高度」跟「跑步速度」並沒有直接的關係，會產生這種現象，是因為這兩個變數都受到了「年級」的影響。因此，正確的分析是「身高高度與跑步速度沒有太大關係」。

這裡的第三方因素是「學年」。在分析相關性時要**小心不要遺漏這種第三方的因素**，這點很重要。

發現相關時，要留意第三方因素！

▶ 身高愈高，50公尺就跑得愈快？

例 在調查某間國中男學生的身高與50公尺短跑成績後，竟發現雙方有強烈負相關。

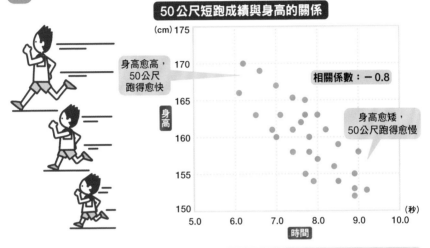

50公尺短跑成績與身高的關係

身高愈高，50公尺跑得愈快

相關係數：－0.8

身高愈矮，50公尺跑得愈慢

「身高高度」跟「跑步速度」之間真的有因果關係嗎？

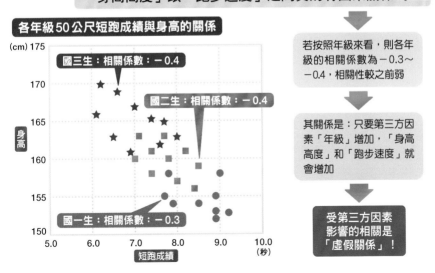

各年級50公尺短跑成績與身高的關係

國三生：相關係數：－0.4

國二生：相關係數：－0.4

國一生：相關係數：－0.3

若按照年級來看，則各年級的相關係數為－0.3～－0.4，相關性較之前弱

其關係是：只要第三方因素「年級」增加，「身高高度」和「跑步速度」就會增加

受第三方因素影響的相關是「虛假關係」！

統計的話題 9

「機率論」的起源是遊戲賭注的分配?

「機率論」是統計學中不可或缺的一部分。據說其**源於法國數學家費馬（Pierre de Fermat）和哲學家帕斯卡（Blaise Pascal）的書信往來**。他們的書信對話究竟談了些什麼呢?

1654年，帕斯卡向費馬提出了下述問題:「A與B在玩遊戲賭錢，約好只要有人先贏三次遊戲就結束。但是在A贏兩次、B贏一次的時候遊戲就因故中止了。這時兩人的賭注該怎麼分比較好?」

因為中途戰況是兩勝一敗，所以感覺A與B最好以2:1的比例分配賭注。可是若遊戲是在兩勝零敗時中斷，那2:0分配方式就等於所有賭注被A整碗端走，這種結果兩人能夠接受嗎?

費馬在跟帕斯卡魚雁往返的同時，注意到了這一點:**遊戲中斷時，A與B各自的獲勝機會必須反映在賭注的分配上**。

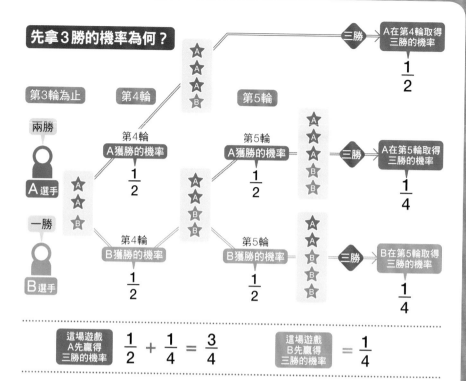

先拿3勝的機率為何？

第3輪為止

兩勝

A選手

★
★
☆

一勝

B選手

第4輪

第4輪
A獲勝的機率
$\dfrac{1}{2}$

第4輪
B獲勝的機率
$\dfrac{1}{2}$

★
★
★
B

第5輪

第5輪
A獲勝的機率
$\dfrac{1}{2}$

第5輪
B獲勝的機率
$\dfrac{1}{2}$

A
★
★
★
B

A
★
★
B
B

三勝 → A在第4輪取得三勝的機率
$\dfrac{1}{2}$

三勝 → A在第5輪取得三勝的機率
$\dfrac{1}{4}$

三勝 → B在第5輪取得三勝的機率
$\dfrac{1}{4}$

這場遊戲
A先贏得
三勝的機率
$\dfrac{1}{2} + \dfrac{1}{4} = \dfrac{3}{4}$

這場遊戲
B先贏得
三勝的機率
$= \dfrac{1}{4}$

　　也就是說，費馬認為應假設遊戲繼續進行，並計算目前兩勝的A率先贏得三場的機率，以及當下一勝的B先拿到三勝的機率，再基於這個機率來分配賭注，這樣才公平。費馬抬筆把所有可能發生的結果都記錄了下來，算出A先取得三勝的機率是 $\dfrac{3}{4}$，B先贏得三勝的機率是 $\dfrac{1}{4}$，並下了一個結論：**A與B的賭注總額若以3：1分配才公平**。

　　據說這個想法就是**現代「機率論」的起源**。

統計學是「科學的文法」
卡爾・皮爾森
（1857 - 1936）

皮爾森（Karl Pearson）是一名英國的統計學家，他研究出相關係數等統計方法，給許多科學家帶來不小的影響。

皮爾森在大學學習物理、法律及文學等知識，畢業後則擔任應用數學的教授。他在自然科學基礎上的授課被彙整成冊，出版為《科學的文法（The Grammar of Science）》一書。他在解釋以觀察和記述為基礎的科學探究過程中講到，「如果把科學比喻成語言，統計就相當於文法」，這句話據說影響了愛因斯坦等諸多科學家。

皮爾森受到遺傳學家高爾頓（Francis Galton）和生物學家韋爾登（Walter F. R. Weldon）的研究啟發，轉而投入生物遺傳與進化的研究。為了挑戰生物學的問題，皮爾森不斷創造出新的統計學手法。他在這之中研發出的相關係數、卡方檢定等理論，到現在也依舊被人們廣泛使用，此外，「標準差」一詞也是出自皮爾森之口。藉由在這個領域上的活躍，皮爾森在倫敦大學學院創立了應用統計系。

順便一提，他的兒子伊根（Egon S. Pearson）也繼承父業，踏上了統計學的路。他與統計學家奈曼（Jerzy Neyman）合作發表「假設檢定」和「信賴區間」理論，為推論統計學奠定基礎。皮爾森父子所發明的方法如今已成現代統計學的重要支柱。

第**3**章

還想知道更多！
統計學的
種種知識

從PPDAC循環和貝氏統計學等複雜實例，
到證據和統計素養等需深入理解的話題，
這些內容雖然艱深，卻也有趣。
接下來我們會介紹這一類的統計議題。

52 什麼是大數據？
[基礎] 跟統計學有關嗎？

原來如此！ 從人們的活動中產生的**大規模數據總稱**。
類似全面普查，但**也有跟統計學不符之處**！

「**大數據**」一詞隨著資訊科技社會的發展而出現。而這個「大數據」是否與統計學有關呢？

所謂的大數據，顧名思義就是「巨大的數據」。據說現代的資訊社會每天都會生產以EB（艾位元組）為單位的數據。1EB等於1,152,921,504,606,846,976（約115京）位元。如此大的數據無疑是「大數據」，但一般的大數據，其指涉的範圍會再縮小一些。

舉例來說，在購物網站上註冊的顧客資訊、智慧型手機或交通IC卡的使用狀況、社群平台的留言……人們普遍**將這些在全世界形成，並日日積累的資訊稱作「大數據」**〔**右圖**〕。資訊科技的技術進步使我們如今得以分析這麼大量的情報。

以交通IC卡為例，在調查其使用狀況時可以獲得該卡片的所有使用者紀錄。可以說，無論母體有多龐大，大數據都可以進行整體的觀察與分析，因此這種形態近似於「**全面普查**」。從這層意義上來說，也**與至今為止的統計學做法「從有限樣本推論母體」有某種程度上的矛盾**。

但因為大數據很類似全面普查，所以是不是就沒有誤差了呢？遺憾的是，蒐集資料的過程中會產生偏誤。

讓我們用可說是「終極大數據」的國勢調查舉例。2020年日本

國勢調查的回答率是81.3%。這可說是非常高的比例了，不過確實存在不回答的情況，產生了大概兩成的「缺漏」。這些「缺漏」會降低作為全面普查所應有的數據可靠度。

如上所述，乍看之下大數據與統計學之間的相容性很高，但彼此之間也有領域迥異或互相矛盾的部分，必須先知道這一點。

▶ **什麼是大數據？** 指大量數據的集合體，這些數據是源自業務活動或智慧型手機所產生的活動狀況。

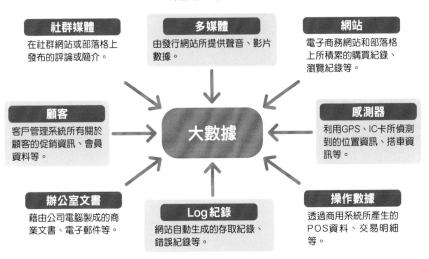

社群媒體
在社群網站或部落格上發布的評論或簡介。

多媒體
由發行網站所提供聲音、影片數據。

網站
電子商務網站和部落格上所積累的購買紀錄、瀏覽紀錄等。

顧客
客戶管理系統所有關於顧客的促銷資訊、會員資料等。

大數據

感測器
利用GPS、IC卡所偵測到的位置資訊、搭車資訊等。

辦公室文書
藉由公司電腦製成的商業文書、電子郵件等。

Log 紀錄
網站自動生成的存取紀錄、錯誤紀錄等。

操作數據
透過商用系統所產生的POS資料、交易明細等。

※根據日本總務省〈大數據活用關連特設小組彙編〉資料製成。

還想知道更多！統計學的種種知識 **第3章**

53
[實例]

分析商品之間關係的「關聯分析」

從顧客的購物資訊找出**購物模式**，並推算**同時購買機率高**的產品！

在超市等處儲存累積的數據，實際上到底有什麼作用呢？作為分析示例之一，下面我們將介紹用於分析店面陳列商品之間關係的「**關聯分析**」。

關聯分析是美國企業IBM在1990年初建立的分析法，此法是在有客戶向IBM諮詢如何靈活運用百貨公司蒐集的數據時誕生的，專門用來從積存在POS系統（➡P60）等處的數據中**提取有價值的組合（例如「容易同時購買的商品」）**。

我們來看看超市的例子〔**右圖**〕。其分析步驟是：①蒐集來店消費客戶的購物記錄數據，並製成一覽表、②透過一覽表針對易於同時購買的組合計算機率……大致是這樣的流程。

比如說這張表上，在店裡買糖果的客人內，同時購買堅果的客人比例是3人中有2人，因此算出機率為67%。也就是說，我們可以藉由關聯分析**查出同時購買率高的商品**。只要在賣場裡按照這項分析的結果，將容易同時購買的商品擺在一起，對顧客來說會方便許多。

▶ 分析容易同時購買的商品

關聯分析會利用POS資料分析可能同時購買的商品。

❶ 蒐集購買者資訊

	糖果	小圓餅	巧克力	餅乾	堅果	仙貝	軟糖	花林糖
客人A		1		1	1		1	1
客人B	1	1	1		1	1		
客人C		1	1		1		1	
客人D	1		1	1		1		1
客人E	1		1		1		1	

從POS系統等工具列出週末顧客購買商品一覽表，並在各個欄位輸入顧客購買的數量。

❷ 掌握那些會讓人同時購買的產品

從一覽表內選出購買次數超過3次的品項，彙整每項商品同時與其他商品一起購買的機率。買糖果的3個人裡，有2個人同時買了堅果，因此得以計算機率為 $\frac{2}{3} \approx 67\%$。

	糖果	小圓餅	巧克力	堅果	軟糖
糖果	—	33%	100%	67%	33%
小圓餅	33%	—	67%	100%	67%
巧克力	75%	50%	—	75%	50%
堅果	50%	75%	75%	—	75%
軟糖	33%	67%	67%	100%	—

❸ 推薦客人同時採購

因為買糖果的客人買巧克力和堅果的機率很高，所以商品陳列時就將這些商品放在一起，這樣客人會更容易消費！

54 「證據」是什麼？ 為什麼如此重要？

[基礎]

原來 如此！ 一種用資料或客觀事實來呈現的根據， 比直覺更有說服力，更受重視！

「證據（evidence）」指的就是「依據」，一個針對客觀事實使用的術語，與主觀或直覺不一樣。這個術語經常用在跟統計學有關的領域上，可是為什麼證據會如此受到重視呢？

在這裡，我們先來介紹一下英國護理師南丁格爾的故事。雖然南丁格爾以確立近代護理師培訓制度而聞名，但其實**她也是奠定統計學基礎的人**。

自克里米亞戰爭的隨軍護理工作返國後，南丁格爾呼籲政府改善衛生管理，此時她便是**佐以證據來演講**。

在當時以男性為主的縱向社會中，要想讓自己的意見得到認可，就必須具備說服力更高的數據或圖表。為了讓所有人看到都能理解，南丁格爾精心設計了一款獨特的圖表。這種圖表因外形而被稱為「**南丁格爾玫瑰圖（極區圖）**」〔右圖〕。

從這張圖表可看出：①野戰醫院的傷患死因多半是不衛生的醫院環境，而不是傷勢。②醫院致力於衛生管理後，死者人數便急遽下降……南丁格爾揭露了這件事，不給政府留下任何反駁餘地。

使自身意見具有說服力的「證據」，在當時就受到了重視。

活用圖表，改善衛生管理

▶「南丁格爾玫瑰圖」

南丁格爾分析克里米亞戰爭士兵死因的圖表。

英國陸軍的死亡原因

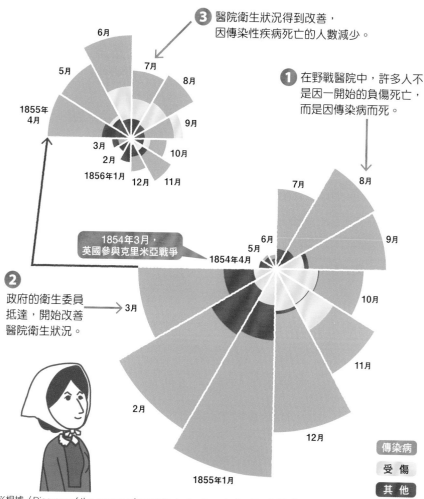

3 醫院衛生狀況得到改善，因傳染性疾病死亡的人數減少。

1 在野戰醫院中，許多人不是因一開始的負傷死亡，而是因傳染病而死。

1854年3月，英國參與克里米亞戰爭

2 政府的衛生委員抵達，開始改善醫院衛生狀況。

傳染病
受傷
其他

※根據〈Diagram of the causes of mortality in the Army in the East〉製成。

Q 三顆骰子的總和，9或10哪個更容易擲出？

| 9 | or | 10 | or | 機率相同，無法決定 |

這是一個擲骰子賭博遊戲。擲出三顆骰子，而這三顆骰子的點數總和會是9還是10——各位會賭哪一邊呢？順便一提，總和為9的骰數組合有6種，總計為10的組合也一樣是6種。

　　這個問題，其實是在17世紀掀起熱潮的擲骰子賭博提問。丟出三顆骰子，骰出的點數是9跟10的組合各有6種。但**不知道是什麼原因，賭徒們出於經驗明白一件事：10點比9點更容易出現**。這套經驗法則是否正確呢……？義大利一名熱愛賭博的貴族向科學家伽利略（Galileo Galilei）諮詢了這個不可思議的問題，伽利略是這麼想的：

因為擲出三顆骰子時，骰出的點數組合會出現重複，所以總共是 $\frac{6 \times 7 \times 8}{1 \times 2 \times 3}$＝56種[※]。不過這56種結果的機率並不相等，畢竟三顆骰子各自獨立，且各自骰出來的點數都有6種可能，因此**若按照三個數字的順序來考慮，則其實最後會有216種骰數結果。**

接下來只要列出全部的組合就解決這個問題了。把三顆骰子分開來考量以後，在216種可能性中，骰數總計為9的組合是25種，總計為10的是27種。伽利略成功地說明了10點更容易出現的原因。

方法數裡面的**排列組合差異**在統計學上也很重要，只要了解這個概念，那也就不必煩惱上述問題了（➡P133）。

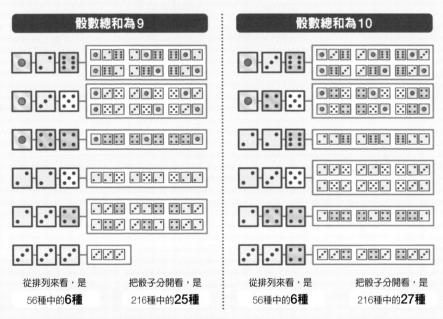

| 骰數總和為9 | 骰數總和為10 |

從排列來看，是
56種中的**6種**　　把骰子分開看，是216種中的**25種**　　從排列來看，是56種中的**6種**　　把骰子分開看，是216種中的**27種**

[※]從1～6的骰子點數計算三顆骰子的組合，且允許重複。

55
[實例]

透過統計大略估算的「費米推論法」是什麼？

原來如此！ 一種可以針對難以調查的事件**快速且有邏輯的估計方法**！

　　日本有多少根電線桿呢？對於這種數起來相當困難也無法估算的項目，有一種方法可以對其概略地計算。

　　以統計等手段為線索，在短時間內以有邏輯的方式推估那些很難調查之事的手法，就叫做**「費米推論法」**。聽說這套方法得名自義大利物理學家費米（Enrico Fermi），他很擅長在沒有數據的狀態下，於短時間內估算出答案。

　　我們實際計算看看。日本國內的電線桿數量似乎是以「單位面積有多少電線桿」算出來的。電線桿一般設置在居住區（可居住地），都市和其他地方的電線桿數量好像也有所差異。因此要預設大概以1：1的比例，將可居住地分割分成都市與其他地區。

　　依據直覺，假設電線桿在都市地區的間隔為50公尺（周圍50公尺1根電線桿），其他地區則是間隔100公尺（周圍100公尺1根電線桿）。參考上述統計資料計算後，**得到日本電線桿數量約為3,100萬根**。順帶一提，根據日本國土交通省的調查，**日本全國的電線桿數為3,500萬根**，可說是相當近似了。

　　在費米推論法中，**作為根據的統計或推論方式會導致結論分散**。雖然這套方法是一種粗略的估計，沒有紮實地基於數據去推量，但卻能用來檢查統計數據是否存在嚴重錯誤。

▶ 日本有多少根電線桿？

如果知道每單位面積的電線桿數量，
則假定數據的計算可行。

❶ 電線桿設置在住家附近

電線桿會設置在居住區（可居住地），而且都市與其他
地方的其電線桿數量也不一樣。因此我們假設可居住地
的面積，都市與其他地區的比例是1：1。

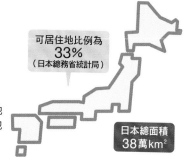

可居住地比例為
33%
（日本總務省統計局）

日本總面積
38萬km²

❷ 電線桿的間隔是多少？

依照直覺，假設都
市的電線桿間隔為
50公尺，其他地
區間隔100公尺，
可居住地以外的地
方不架設電線桿。

都市電線桿

面積
2,500m²

50m　50m

每km²為400根

其他地區電線桿

面積
10,000m²

100m　100m

每km²為100根

❸ 推算日本全國電線桿數量　　套入統計數字，估算全日本的電線桿數量。

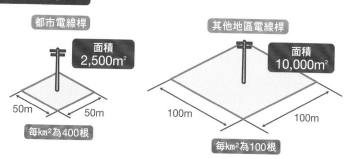

**日本可居住
地面積** =

日本面積

380,000km² × 0.33 = **125,400km²**

可居住地比例（33%）

可居住地面積

**日本全國
電線桿數** =

周圍每50公尺1根時，
每km²的電線桿數量

周圍每100公尺1根時，
每km²的電線桿數量

$$125,400 \times \frac{1}{2} \times 400 + 125,400 \times \frac{1}{2} \times 100$$

電線桿總數　　都市可居住地面積　　其他地區可居住地面積

= 約**3,100**萬根

56 統計學上解決問題的
[基礎] PPDAC循環是什麼？

原來如此！ 添加「**規劃調查**」、「**蒐集資料**」的步驟，
一套統計學專用的解決問題循環！

在解決問題的程序上，有一套概念稱為「PDCA（Plan、Do、Check、Action）」，而在統計中，則是以**PPDAC循環**來考量。它的流程是怎麼樣的呢？

這套概念將運用統計解決問題的步驟分成P（Problem）**「發現問題」**→P（Plan）**「規劃調查」**→D（Data）**「蒐集資料」**→A（Analysis）**「分析」**→C（Conclusion）**「結論」**，之後再回到P（Problem）的循環〔**右圖**〕。

將使用數據進行調查分析時，人們如何思考、行動的過程階段彙整起來即為PPDAC。歸根結柢，資料的蒐集與分析並非「目的」，而是解決問題的「手段」。一旦蒐集資料、尋找證據成了目的，就很容易輕率武斷地做出方向錯誤的結論。正因為有實際發現問題並制定解決計畫的程序，資料的蒐集與分析才有意義。

另外，畢竟這是一個「循環」，所以**如果在「結論」中發現新的問題**，還是可以進入一個新的PPDAC循環。

這套問題解決循環受到廣泛的運用，在紐西蘭和日本的統計教育上，這套方法也被用作教材，教導學生學習科學探究的步驟。

▶ 什麼是 PPDAC 循環？

活用統計學，分析對某項數據所感受到的疑問或問題點，又或是找出新問題的一套流程。

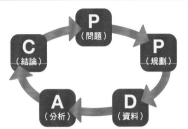

P	
Problem （問題）	**問題的發現** 有家餐廳希望了解午餐附送的飲料以咖啡還是綠茶較受歡迎。

哪種受歡迎？

P	
Plan（規劃）	**調查的規劃** 制定對來店顧客進行問卷調查的計畫，斟酌問題內容。

	咖啡	綠茶	其他
男性（60歲～）	15人	10人	3人
女性（60歲～）	5人	19人	4人
男性（40～59歲）	17人	2人	9人
女性（40～59歲）	9人	9人	10人
男性（20～39歲）	12人	3人	13人
女性（20～39歲）	8人	9人	11人

D Data（資料） **資料的蒐集** 實施問卷調查，回收問卷並整理成表。

A Analysis（分析） **調查的分析** 製作圖表或以其他方式分析顧客意見。

發現新的問題

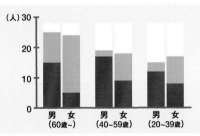

C Conclusion（結論） **調查的結論** 了解飲料的受歡迎程度會依年齡層而異，甚至還發現很多客人希望飲料有除了咖啡與綠茶以外的選項。

增加飲料的種類吧！

57

[實例]

只要運用圖表，就能看穿麵包店的謊言？

原來如此！ 依經驗能從圖表大致知道分布狀況，如果形狀不太尋常就很可疑！

似乎有一種方法**可以利用圖表來檢測人們的欺騙和謊言**，這是什麼意思呢？

第二次世界大戰後，德國實行食物配給制，特別規定麵包每人每天領取200公克（g），並由各地區的麵包店發放。

有一天，一名物理學博士指謫他所在地區的麵包店麵包太小，偷工減料。這幾個月來，博士每天都測量這家麵包店發的麵包重量，並繪製了圖表〔**右圖**第一次〕。雖然圖表的分散很自然，但麵包的**平均重量卻是195公克**。這並不是公定正確重量。麵包店擔心自己會被提報給有關機構，便向這名博士保證會糾正這種欺騙行為。

幾個月後，博士再度警告該麵包店。在他指出麵包店的偷工減料後，再根據該店發放的麵包重量畫成的圖表，跟之前的圖表不同，**在規定的200公克左邊呈現不自然的斷層**〔**右圖**第二次〕其實，這家麵包店在博士指出問題後，一直只給博士200公克以上的麵包。博士從圖表形狀的不自然變化看出麵包店依舊繼續矇騙大眾。

類似這種**根據經驗判斷圖表形狀，從中檢測出異常的辦法**，在製造業上受到廣泛的運用。

需注意形狀奇怪的圖表

▶ 配給的麵包重量太輕？

以圖表找出配給麵包的特徵，看穿對方的偷工減料。

配給麵包的重量怪怪的？

博士每天都會測量麵包店發的麵包重量。花了幾個月的時間蒐集數據，才發現麵包店動了手腳。

第一次 從平均值識破舞弊

博士給麵包店看了這張圖表，指出明明規定配給麵包的重量是200公克，麵包店一直以來給的麵包卻平均是195公克。

分發麵包平均重量195g

畫出配給麵包的重量分布

規定重量200g

麵包數量

麵包重量

第二次 從圖表形狀看穿欺瞞

以被指出偷工減料後發放的麵包重量製成圖表，卻發現圖表呈現一種不自然的分布形狀，由此判斷麵包店仍繼續其舞弊行為。

原先分布的一半被截斷，呈現不自然形狀

⬇

這是在故意掩蓋舞弊行為！

規定重量200g

麵包數量

麵包重量

※圖表以George Gamow《Puzzle-math》為基礎繪製。

還想知道更多！統計學的種種知識 第3章

58 [基礎] 可得知多少人使用提款機? 「卜瓦松分布」的原理

機率分配可判斷在一定時間內的
事件發生機率!

　　每到發薪日就人潮洶湧的自動提款機（ATM）。「一整天有多少人使用提款機?」這個問題可以藉由統計的機率分配來回答。

　　在統計一定時間內某事件發生次數，像是「一小時內來用某台自動提款機的人數」等題目時，據說其機率分配多半都會近似**「卜瓦松分布」**。所謂的卜瓦松分布，是指法國數學家卜瓦松（Siméon D. Poisson）發現的「離散型機率分配」，其以**右圖**上方的公式計算而得。離散型的機率分配，會像擲骰子一樣取出散亂的「離散隨機變數」，並將每個數值的實現機率比作隨機變數的函數（➡P126）。

　　舉例來說，當自動提款機每小時的平均利用人數為2人時，代表1～2人來使用自動提款機的機率比較高，如**右圖**下方所示。另一方面，一個客人也沒有的情況跟有4名客人來用的情況，都有10%左右的機率發生。

　　如上所述，**一段時間內平均隨機發生 λ（lambda）次的事件，在指定時段中會發生幾次**的樣態可用卜瓦松分布來表示。我們能利用這個分布狀況來盤算自動提款機的設置數量。

一段時間內事件發生的機率分配

▶ 什麼是卜瓦松分布？

在一定時間內平均發生λ次的隨機事件，其發生k次的機率可用卜瓦松分布來表示。

卜瓦松分布的機率函數　只要知道每個時段的平均次數，就能算出這個數值的機率。

$$P(k) = \frac{\lambda^k\,e^{-\lambda}}{k!}$$

一定時間內事件
發生k次的機率

λ = 每段時間的平均發生次數

k = 事件發生次數

e = 自然常數（約2.7）

例　每小時平均客流量2人的自動提款機有4個人光顧的機率是多少？

$$P(4) \fallingdotseq \frac{2^4 \times 2.7^{-2}}{4!} \fallingdotseq 0.09\ (9\%)$$

4的階乘
以4×3×2×1來計算

卜瓦松分布
（當每小時平均客流量為2人時）　只要知道每小時的平均使用人數，就能用機率判定將有多少客人會來。

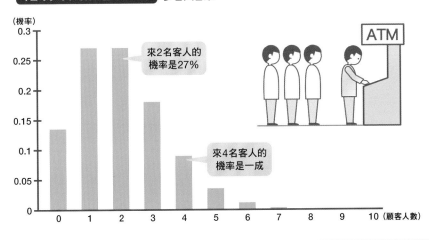

(機率)

來2名客人的
機率是27%

ATM

來4名客人的
機率是一成

(顧客人數)

59 這也是一種抽樣調查？「自助重抽法」

[基礎]

原來
如此！
一種**觀察**大量**重取樣的樣本**，
並判斷推測準確度的方法。

抽樣調查也有很多各式各樣的做法和種類。這節將介紹的是名為
「自助重抽法」的辦法。

假設我們從某個母體裡抽取100組數據樣本。不斷反覆「觀測這
100組數據」，然後觀察「這些樣本的分散度」，並推估假想母體的
情況，這便是自助重抽法的基礎概念〔➡P178 **圖2**〕。**這套方法用
來觀察「抽取100組樣本」的過程受隨機性影響的程度。**

此時採用**「最大概似估計」**來當推量母體的手段。最大概似估計
是一種**可從觀測數據推定孕育該數據母體的方法**，其會做出「在可能
的母數（代表母體特徵的數值，如平均數或變異數）之中，以既有觀
察樣本所得到的機率最大值當該母數估計值最為合理」的推論。

比如說，在人口100萬的A市裡，隨機抽選100個人回答問題，
以調查某個政黨的支持率，得到60人支持、40人不支持的答案。這
時因為取得的樣本100人中有60%回答支持，所以就能直覺推斷「某
政黨支持率在A市有60%」。這個「支持率60%」的數值，就是從最
大概似估計算出來的母體估計值（省略詳細計算後的判斷如**圖1**所
示）。

接下來，**在辨別這個最大概似估計算出的母體估計值準確度的時
候，就輪到自助重抽法出場了**。反覆進行「抽樣100組」的行為（稱

▶ 最大概似估計〔圖1〕

例 隨機在A市向100人詢問是否支持某政黨，其中有60人回答支持，40人不支持。試問該政黨在A市的支持率 θ（theta）是多少？

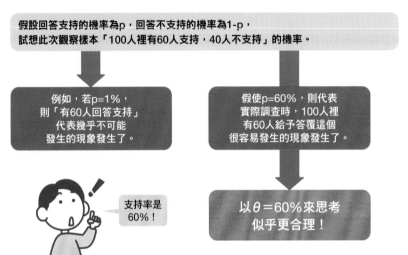

假設回答支持的機率為p，回答不支持的機率為1-p，
試想此次觀察樣本「100人裡有60人支持，40人不支持」的機率。

例如，若p=1%，
則「有60人回答支持」
代表幾乎不可能
發生的現象發生了。

假使p=60%，則代表
實際調查時，100人裡
有60人給予答覆這個
很容易發生的現象發生了。

支持率是
60%！

以 θ＝60%來思考
似乎更合理！

作**「重取樣」**，又叫**「再抽樣」**），並從中計算重取樣的分布狀況（平均值或分散度等等）〔➡P178 **圖3**〕。只要不斷累積重取樣樣本量，就能知道重取樣的機率分配是否正確，從而判斷出推估母體（平均數等數值）的準確度〔➡P179 **圖4**〕。

在自助重抽法中，原本可能該從推估的母體100萬人裡抽樣100人（不會重複抽選同一人的「不放回抽樣」），但為方便起見，習慣上多採用允許重複抽樣的**「放回抽樣」**來取出100組數值。

可用來判斷推測準確度

▶什麼是自助重抽法？〔圖2〕

從母體抽出樣本，再將該樣本放回抽樣，反覆進行這個動作，取得大量重新抽樣的數據，再依據這些數據判斷母體推測準確度的一種方法。

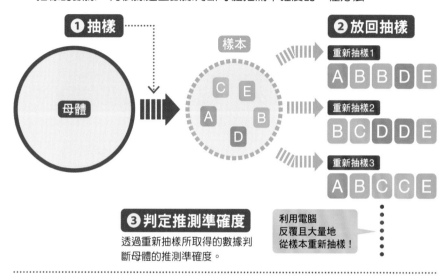

❶抽樣

母體

樣本

C E
A B
D

❷放回抽樣

重新抽樣1
A B B D E

重新抽樣2
B C D D E

重新抽樣3
A B C C E

❸判定推測準確度

透過重新抽樣所取得的數據判斷母體的推測準確度。

利用電腦反覆且大量地從樣本重新抽樣！

▶什麼是重取樣？〔圖3〕

將原始樣本當作母體的代表，並從中再次進行抽樣的行為。

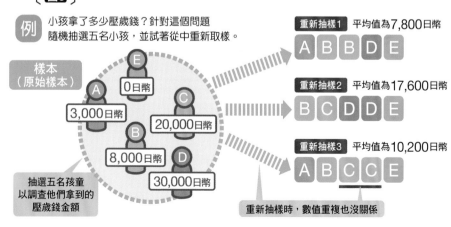

例 小孩拿了多少壓歲錢？針對這個問題隨機抽選五名小孩，並試著從中重新取樣。

樣本
（原始樣本）

E 0日幣
A 3,000日幣
C 20,000日幣
B 8,000日幣
D 30,000日幣

抽選五名孩童以調查他們拿到的壓歲錢金額

重新抽樣1 平均值為7,800日幣
A B B D E

重新抽樣2 平均值為17,600日幣
B C D D E

重新抽樣3 平均值為10,200日幣
A B C C E

重新抽樣時，數值重複也沒關係

178

▶自助重抽法示例〔圖4〕

例 隨機在A市向100人詢問是否支持某政黨，其中有60人回答支持，40人不支持。下面我們用自助重抽法來推算這項調查。

❶執行最大概似估計

在隨機抽樣100人後，由於支持者60人，不支持者40人，因此合理估計：A市該政黨的支持率為60%，不支持率則是40%。

❷再次抽樣

以上述調查的100名受訪者為樣本，反覆地重新抽樣。

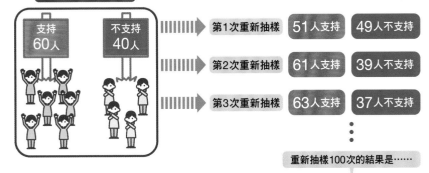

樣本（原始樣本）

支持 60人　不支持 40人

第1次重新抽樣　51人支持　49人不支持

第2次重新抽樣　61人支持　39人不支持

第3次重新抽樣　63人支持　37人不支持

重新抽樣100次的結果是……

❸透過重新抽樣的數據判斷推測準確度

大量並反覆地重新抽樣，算出其變異數和標準差等數據，從而判斷推測的準確度。

支持者平均：　61.4人

不支持者平均：38.5人

變異數：　　29.3

標準差：　　5.4人

60 [實例] 如何調查藥品是否真的有效？

原來如此！ 將服用藥物的病患與未服用藥物的病患**隨機分組**後進行**對照試驗**！

　　要如何判斷藥物是否真的對疾病有治療效果呢？大約80年前，為了調查此問題而首次實施了統計實驗。

　　直到20世紀中葉為止，肺結核都還是一種毫無有效治療藥物的可怕疾病。1946年，英國醫學研究委員**會曾針對肺結核用藥鏈黴素的評估做過一次以統計學理論為基礎的實驗**〔**右圖**〕。

　　這項實驗將病患分為兩組，一組混合服藥病患與未服藥病患，一組則是只有未服藥的病患，研究人員在不清楚患者組別的情況下（**盲測**）進行評估。

　　此處的重點在於：給藥前把所有受試者隨機分成兩組，並在這個基礎上令其中一組的部分患者用藥（**隨機對照試驗**）。

　　這是因為，如果研究人員以患者的狀態來分組，數據就會產生偏差，從而喪失實驗的可靠性。當時的人們透過這項實驗獲得客觀的發現，進而證明了鏈黴素的功效。

　　直到現在，隨機對照試驗也依然作為評估客觀療效的實驗而被廣泛使用。

▶ 治療藥物真的有用嗎？

肺結核治療藥的實驗裡，研究人員和患者在不知情的狀況下隨機分成兩組，並藉由第三人的雙眼確認其藥效。

肺結核病患
107名

❶隨機化、盲測化

將病患分成兩組。此時重要的是隨機分組（隨機化），且不讓研究人員與患病患知道組別（盲測化）。

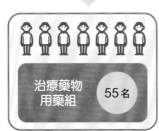

治療藥物用藥組　55名

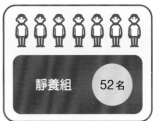

靜養組　52名

❷給藥

按照給予治療用藥與不給治療用藥的組別進行對照試驗。

❸評估藥效

由不知分組的人來判定結果。因為這項實驗是由不清楚實驗的醫生來做檢查，所以可以得到客觀的觀察發現。

❹實驗結果

使用治療藥物的組別死亡率較低，症狀也有所改善，治療藥物的藥效獲得了證實。

	治療藥物用藥組	靜養組
大幅改善	28 （51%）	4 （8%）
中等程度改善	10 （18%）	13 （25%）
未改善	2 （4%）	3 （6%）
中等程度惡化	5 （9%）	12 （23%）
嚴重惡化	6 （11%）	6 （11%）
死亡	4 （7%）	14 （27%）

※資料來源：The British Medical Journal〈Streptomycin Treatment of Pulmonary Tuberculosis〉

Q 檢查結果是陽性！但真的染病了嗎？

可能性99%	or	一半機率	or	可能性不到1%

當前有一種1萬人中會有1人染病（0.01％）的病毒正在流行。A先生做了檢查了解自己是否被這個病毒感染，結果是陽性，檢查準確率為99％。那麼A實際感染這個流行病的機率為何？

　　在準確率99％的檢查中得到陽性的結果，應該無論是誰都會以為感染率是99％吧。但我們試著冷靜思考一下。在檢查前得知「傳染病的罹患機率是0.01％」的狀況下，檢查後發生「有99％準確度的陽性結果」，這是用第141頁介紹的**條件機率**就能解開的問題。

　　試著將各個項目套入條件機率的計算公式之中〔**下圖**〕。這邊計

算的是「檢查呈陽性時，實際得到傳染病的機率」。條件機率的算式中，必須有「檢查呈陽性的機率」與「染病且呈陽性的機率」這兩個項目。

此處的「檢查呈陽性的機率」等於「染病且呈陽性的機率」加上「未染病卻呈陽性的機率（偽陽性）」。不過**染病機率是1萬分之1，與此相對，偽陽性機率（誤診為陽性的機率）則是100分之1，因此後者的機率要大得多。**

而且按照下圖算式可算出「檢查結果呈陽性時，實際染病的機率」是0.9999×0.01＝0.0099，也就是說，其數值為0.99%，不到1%。

像這種傳染率很低，1萬人中只有1人染病的病毒，就算檢驗出陽性也很有可能沒有染病。這被**稱為「偽陽性悖論」，是一種違背「99%就一定沒錯！」直覺的現象。**

條件機率公式

實際染病且呈陽性的機率

$$P(B \mid A) = \frac{P(A \cap B)}{P(A)}$$

檢查呈陽性時，實際也有染病的機率

呈陽性機率

事件A＝
檢查呈陽性的機率＝0.99（99%）

事件B＝
得到傳染病的機率＝0.0001（0.01%）

$$= \frac{\frac{1}{10000} \times 0.99}{\frac{1}{10000} \times 0.99 + \frac{9999}{10000} \times 0.01} = 0.0099 \ (0.99\%)$$

染病機率 × 0.99 呈陽性機率

染病機率　呈陽性機率　未染病機率　偽陽性率（誤診為陽性的機率）

※本文中的「準確率99%」是預設偽陽性機率與偽陰性機率同為1%的特殊假設，不一定適用於現實的流行病學檢驗。

抽樣調查的樣本量該準備多少比較好？

原來如此！ 關鍵在於**信賴區間的設定**，
信賴區間的容許寬度決定樣本大小！

在民意調查或意向調查等大規模的調查上，該向多少人詢問意見比較好呢？下面我們試著以一份調查來思考看看，這份調查將從「支持」與「不支持」等二選一的回答中，推斷出母體全體的支持率。

在決定受訪者人數（**樣本量**）時，**最重要的是標準誤差和信賴區間**（➡P118）。標準誤差會與樣本量的平方根成反比，並假設點估計值±標準誤差的常數因子為「信賴區間」。可靠度愈高，這個常數的數值就愈大，同時信賴區間的寬度也會增加。

換言之，**可說樣本量的大小取決於調查結果中信賴區間的寬度設定**。例如在試圖將95%信賴區間控制在上下5點（總幅寬10點）時，就能以**圖1**的公式算出受訪者需有380人左右。接下來只要隨機抽選受訪者（樣本），謹慎蒐集回覆以令其成為母體縮影即可。

樣本量愈大，可信度愈低，信賴區間就愈窄。只要利用**圖2**，就能從可信度與信賴區間的寬度反推其必要的樣本大小。

信賴區間的寬度決定樣本大小

▶ 樣本大小的計算方式〔圖1〕

抽樣調查的必要樣本量由右方算式求得。事先設定好信賴區間寬度的容許範圍。

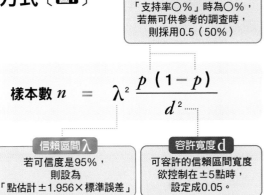

回覆率 p

「支持率○％」時為○％，若無可供參考的調查時，則採用0.5（50％）

樣本數 $n = \lambda^2 \dfrac{p(1-p)}{d^2}$

信賴區間 λ

若可信度是95％，則設為「點估計±1.956×標準誤差」

容許寬度 d

可容許的信賴區間寬度欲控制在±5點時，設定成0.05。

例 在試圖將95％信賴區間控制在上下5點時，應該隨機詢問多少人比較好？

$$1.956^2 \times \dfrac{0.5(1-0.5)}{0.05^2} = 384$$

必須取得384人的回覆

▶ 95％信賴區間的寬度〔圖2〕

樣本量愈大，信賴區間愈窄。可透過信賴區間的寬度和預測回覆率，反推出調查所需的樣本大小。

樣本大小（n）	調查對象回覆率（如支持率、 收視率等）				
	10％或90％	20％或80％	30％或70％	40％或60％	50％
3,000	±1.1	±1.4	±1.6	±1.8	±1.8
2,000	±1.3	±1.8	±2.0	±2.1	±2.2
1,000	±1.9	±2.5	±2.8	±3.0	±3.1
500	±2.6	±3.5	±4.0	±4.3	±4.4
100	±5.9	±7.8	±9.0	±9.6	±9.8

若將信賴區間的寬度控制在±3點，就代表必須有1,000名受訪者

62
[基礎]

隨機抽選是如何運作的？

原來如此！ 為使樣本**抽選的機率相同**，
而採用「**簡單隨機抽樣法**」等方式抽樣！

抽樣調查的重點在於**「無人為干涉」，也就是隨機抽樣**。若不如此，樣本就會有偏差，進而導致推測錯誤。不過，要用什麼方法調查才能做到無人為干涉呢？

隨機抽樣的基本手段是**「簡單隨機抽樣法」**〔**圖1**〕。這種抽樣方式是將母體的所有元素以相同的機率為樣本。在抽樣時，會**使用亂數或系統抽樣（以一定人數為單位調查的方法）等方式**。

然而，依母體性質不同，其屬性可能會以極端相異的多個層級組成，其中也包含一些**數量雖少卻無法忽略其對整體影響的層級**。

比如收入調查中的高收入層級就屬於此類。如果是簡單隨機抽樣，**樣本整體的均值或分布等情況**便有可能因該層級包含或不包含一項觀測值而**大受影響**。

在這種情況下，**「分層抽樣法」**可提高推測的準確度〔**圖2**〕。將母體分層，每一層均隨機抽樣，之後再依各層母體組成比例為這些數據加權後，形成樣本。

建立樣本時要避免偏差

▶ 簡單隨機抽樣法〔圖1〕

❶ 亂數法 用亂數抽樣的方法。

1 為母體編號	**2 亂數取出編號**	**3 按樣本量抽樣**
準備好母體，並為每項元素一一編號。	建立一個亂數，並以此抽選母體中擁有相同編號的元素。	從母體中抽樣，直到其數量達到必要樣本量。

| 00001 | 00002 | ┄┄┄┄ |

| ┄┄ | 05000 | 05001 | ┄┄ |

| ┄┄┄┄ | 09999 | 10000 |

$$08925 = \boxed{08925}$$

例如用二十面骰
（亂數骰）生成亂數

| 00079 | 01850 |
| 03675 | 02734 | 04586 |
| 07853 |
| 08925 | 09153 |

❷ 系統抽樣法 只有最初隨機抽樣，之後則依等距抽樣的方法。

隨機抽選
首例調查對象

從首例調查對象開始，以一定的間距選出調查對象

▶ 分層抽樣法〔圖2〕

將母體按屬性分層，每層各自抽樣的方法。

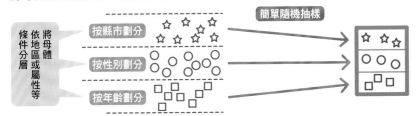

依將條件分層 將母體依地區或屬性等

按縣市劃分

按性別劃分

按年齡劃分

簡單隨機抽樣

被誤認成隨機的「群聚錯覺」

圖表A與B何者隨機？〔圖1〕

圖表A

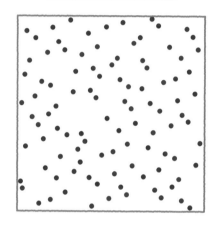

圖表B

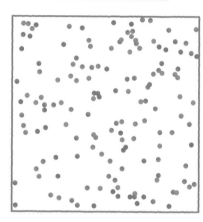

　　所謂的無人為干涉，也就是隨機，指的是沒有任何規則、未賦予意志或情感的干涉，且未來不可預測的狀態。 在統計上，通常會用亂數（以不規則且相同的機率出現的數字➡P186）來驗證隨機性。

　　上圖其中之一是採用亂數隨機生成數字繪製的圖表〔圖1〕。那麼，A或B哪一張才是隨機生成的圖表呢？

　　正確答案是圖表B。雖然驗證結果是有很多人回答圖表A才是隨機圖形，但其實圖表A是為了避免圓點重疊所故意安排的。另一方面，圖表B則是因為出現圓點群聚在一起等情況，看上去有所偏向，所以感覺才不太隨機。

群聚錯覺的主要示例 〔圖2〕

連續20次丟硬幣時，接連丟出4次正面的情況並不罕見，其機率高達50%。

連續丟出4次正面並不稀有！

歌手不重複感覺比較像隨機選歌

[隨機]

曲名	歌手
-*	統計太郎
○○○○	統計太郎
XX-123	SS中獎率
YY的黎明	statistics

[看似自然的隨機]

曲名	歌手
-*	統計太郎
YY的黎明	statistics
○○○○	統計太郎
XX-123	SS中獎率

部分音樂播放器的隨機播放功能會設定相同歌手的曲子很難被連續播放，藉此刻意表現出一種自然的隨機性（並非完全隨機）。

以丟硬幣為例來理解這種現象會比較容易一點。雖然丟硬幣會隨機丟出正反兩面，不過應該有不少人會因連續出現4次正面而感到驚訝吧。可是在連續丟20次硬幣的情況下，其實某種程度的結果群聚，像是正面連續出現4次的機率，大約會有50%之多〔圖2〕。換句話說，在隨機的狀況下，能像圖表B這樣出現圓點的群聚現象是很正常的。

這種**把在隨機狀態下必然產生的事錯認為「並未隨機」的現象叫做「群聚錯覺」**。據說從心理學的角度來看，這種錯覺源於人類的大腦有無意間以具有意義的模式讀取事物的傾向，像是從雲聯想到動物的模樣等。

還想知道更多！統計學的種種知識　第3章

63

[貝氏]

什麼是「貝氏統計學」？有何用途？

原來如此！ 以「**貝氏定理**」為基礎的統計學，**靈活運用事前的資訊**，從結果推論原因的方法！

各位知道「貝氏統計學」嗎？這與前面介紹過的統計理論稍微有些不一樣。這是一種以英國牧師貝葉斯（Thomas Bayes）設計的「貝氏定理」為基礎的統計學。其中備受關注的是一套名為「**貝氏估計**」的手法，這種手法會活用事前的資訊，利用上述的貝氏定理從觀測數據（結果）推測出目標事件（原因）〔**圖1**〕。

貝氏估計的應用範圍很廣，被實際運用在**垃圾郵件的辨別、搜尋引擎的預測轉換功能、網路購物的推薦功能**及**機器學習**等領域上，甚至可說是現代資訊科技技術不可或缺的理論。貝氏估計具有**以不同於過去統計學的手段進行推測的優點**，比如即使資料不足也能做推估，以及可透過逐次納入新的觀測數據來提高推測準確度等。

從結果（即觀測數據）「反推」原因（即真正的母體分布或參數值等資料），這種推斷方向本身不僅限於貝氏統計學，也同樣是所有推論統計共通的做法。

這裡必須估計的真實參數等數值，其實原本並不是隨機變數。然而由於我們無法直接觀察這些數值，因此便**將其看成一種隨機變數，這就是貝氏統計學的概念**。

首先，在觀察數據之前，會依數據外的任何情報預設這項應估計參數的「**事前機率分配**」。接下來，每當觀察到新的數據時，就根據

▶貝氏估計〔圖1〕

可按照貝氏定理，從結果（觀測數據）推估原因（假設）的機率。此亦為整理條件機率與乘法定理後所得到的公式（➡P142圖3）。

當原因為A時，得到
結果B的最合理機率

觀測前假設的
原因A成立機率

概度

事前機率

事後機率

$$P(原因A \mid 結果B) = \frac{P(結果B \mid 原因A) \times P(原因A)}{P(結果B)}$$

獲得結果B的機率

獲得結果B時，
其原因為A的機率

從觀測數據獲得
結果B的發生機率

貝氏定理更新事先預設的機率分配，計算出**「事後機率分配」**〔➡P192圖2〕。

　　然後每當添加新的觀測數據時，就把之前算出來的事後機率當成「新的事前機率」，依序更新事後機率。這就是**「貝式修正」**。只要不斷進行修正，就能得到更準確的「事後機率」〔➡P193圖3〕。

　　關於貝式統計的概念，我們將在第194頁做更詳細的解說。

利用貝氏定理，從結果求得原因

▶透過貝氏定理計算〔圖2〕

例 X箱裡頭有2顆黑色圍棋子，4顆白色圍棋子。Y箱裡面放入4顆黑色圍棋子，2顆白色圍棋子。接著從其中一個箱子裡抽出1顆棋子，發現它是黑色的。這個箱子是X箱的「事前機率」為何？

 X箱

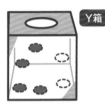 Y箱

❶ 定義事前機率

事先不清楚原因A（從X箱中抽出黑色圍棋子）的機率時，只要把選擇X箱及Y箱的機率設為「等機率」即可（非充足理由原則）。

X箱的事前機率

$$P(Ax) = \frac{1}{2}$$

Y箱的事前機率

$$P(Ay) = \frac{1}{2}$$

❷ 抽到黑色圍棋子的機率為何？

因為結果B（從X箱或Y箱抽出黑色圍棋子）是由原因Ax（從X箱抽出黑色圍棋子）或原因Ay（從Y箱抽出黑色圍棋子）所產生，所以能透過以下公式計算。

選中X箱且抽到黑色圍棋子的機率　選中Y箱且抽到黑色圍棋子的機率　從X箱抽中黑色圍棋子的機率　從Y箱抽中黑色圍棋子的機率

X箱概度　Y箱概度

$$P(\text{結果}B) = P(B \cap Ax) + P(B \cap Ay) = \frac{2}{6} \times \frac{1}{2} + \frac{4}{6} \times \frac{1}{2}$$

選擇X箱的機率　選擇Y箱的機率

❸ 計算事後機率

X箱概度　X箱的事前機率

$$P(\text{原因}A \mid \text{結果}B) = \frac{\dfrac{2}{6} \times \dfrac{1}{2}}{\dfrac{2}{6} \times \dfrac{1}{2} + \dfrac{4}{6} \times \dfrac{1}{2}} = \frac{1}{3}$$

事後機率

獲得黑色圍棋子的機率

還能算出更準確的事後機率

▶運用貝氏修正計算〔圖3〕

倘若觀察到新的數據，可以納入這份數據並且重新估計，算出更正確的事後機率。

例 接續左頁的案例，將黑色圍棋子放回原本的箱子，並再次從箱子裡抽出圍棋子，結果又是一顆黑色圍棋子。這個箱子是X箱的機率是多少？

X箱　　　Y箱

❶定義事前機率

因為前面已經從左頁的觀測算出X箱的事前機率，所以要更新這項資訊，此處採用新的事前機率。

X箱的事前機率
$$P(Ax) = \frac{1}{3}$$

Y箱的事前機率
$$P(Ay) = \frac{2}{3}$$

❷抽到黑色圍棋子的機率為何？

從X箱抽中黑色圍棋子的機率　**X箱概度**
從Y箱抽中黑色圍棋子的機率　**Y箱概度**

$$P(結果B) = P(B \cap Ax) + P(B \cap Ay) = \frac{2}{6} \times \frac{1}{3} + \frac{4}{6} \times \frac{2}{3}$$

選中X箱，同時抽到黑色圍棋子的機率　　選中Y箱，同時抽到黑色圍棋子的機率　　選擇X箱的機率　　選擇Y箱的機率

❸計算事後機率

X箱概度　　X箱的事前機率

$$P(原因A \mid 結果B) = \frac{\dfrac{2}{6} \times \dfrac{1}{3}}{\dfrac{2}{6} \times \dfrac{1}{3} + \dfrac{4}{6} \times \dfrac{2}{3}} = \frac{1}{5}$$

事後機率

獲得黑色圍棋子的機率

64 [貝氏] 貝氏統計學與其他統計學有何不同？

原來如此！ 活用**事前的資訊**來思考就是**貝式**（Bayesian）思維！

貝氏統計學跟其他統計學的思考方式有什麼不一樣呢？

關於**貝式思維（又稱「Bayesian」）**，我們先以這個例子來思考看看：「A先生在平均100分的智力測驗上測出『150』的成績，試問他實際的智商比150高還是低？」

雖然測驗是一種會受到運氣好不好、受試者身體狀況及出題偏向等原因而出現偏差的東西，但只要是設計有良心的考試，其上下偏差的發生必然大致相等。比如說，A先生的實際智商明明相當於140，但因為運氣好而測出「150」；又或是實際智商相當於160，卻由於運氣不好而測出「150」，這兩者在或然率（事情發生的概率大小）上可說是幾乎相同。因此，A先生的真實智商比150高或低的可能性相同，於是決定其智商以「150左右」來考慮即可。這種想法**「並非貝式思維」**。**「非貝式思維」**偶爾也會稱作**「頻率主義」**等。

相對地，貝式思維會在一開始**預設「事前機率分配」，也就是「測驗前A先生智商的機率分配」**。舉個例子，如果不太了解A先生，可能就會預設A先生智商的機率分配為一般的智力分布，也就是數值在平均值100附近最高，愈往兩側就愈低的山形分布。

以此為前提，考量A先生做完測驗並取得「150」成績後的**「條件機率」**。換言之，就是為圖表增添一筆「A先生的實際智商是150

左右」的條件，再重新審視機率分配。

　　然而，事前分布的形狀在150附近並不對稱。靠近平均分100分的一側，也就是149和148這邊，比離平均分較遠的151和152數值更高，整體呈現不對稱的形狀。由此所得的條件機率分配也同樣是150以下的一側高於150以上的一側，是故若以此為本推算A先生的實際智商，則可認為該值「**略低於150**」。

　　這就是**貝式思維**。

▶ **貝式思維**　活用事前資訊來推測。

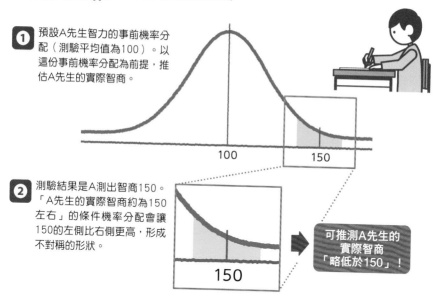

① 預設A先生智力的事前機率分配（測驗平均值為100）。以這份事前機率分配為前提，推估A先生的實際智商。

100　　　　150

② 測驗結果是A測出智商150。「A先生的實際智商約為150左右」的條件機率分配會讓150的左側比右側更高，形成不對稱的形狀。

150

可推測A先生的實際智商「略低於150」！

65

[實例]

統計學對垃圾郵件的分類很有幫助？

原來如此！ 藉由**貝氏定理**分析和判斷
垃圾郵件會有的字彙！

　　垃圾信件會透過電子郵件送到我們的信箱。許多郵件軟體都帶有自動辨識垃圾郵件並分類的篩選功能。其實這時候**「貝氏統計學」**（➡P190）也能派上用場。

　　辨識垃圾郵件時，若新郵件內含特定字彙（結果），便去計算該郵件是垃圾郵件的機率（原因）。建立這套機率分配的事前預測，並依照貝氏定理更新事後機率，藉此判斷該郵件是不是垃圾郵件。**這項判斷會運用過去收到的電子郵件數據。**

　　首先，分析收到的信件並將其分類為一般郵件和垃圾郵件，計算常用於垃圾郵件的「特色字彙」出現機率，並累積起來作為資料庫的資訊。接著**在收到新郵件時，檢查該郵件中所包含的「特色字彙」。**以日積月累的資訊為本，透過貝氏定理，針對各個字詞計算「含有特定詞彙的郵件是垃圾郵件的機率」。要是這個機率很大，就判斷並分類這份郵件為垃圾郵件，大致上是這樣的流程〔**右圖**〕。

　　每次收到信時都重複進行這項判斷與分類，因此篩選的準確率也回逐漸上升。也就是說，這是愈使用就愈能「學習」，犯的錯誤也會愈來愈少的機制。

學習垃圾郵件，提高準確率

▶ 辨識垃圾郵件的機制

調查郵件內的詞彙

在郵件內搜尋垃圾郵件常用的「特色字彙」。以歷史數據為本，檢查郵件裡是否含有垃圾郵件常用詞彙。

垃圾郵件中的出現機率 0.6

垃圾郵件中的出現機率 0.6

垃圾郵件中的出現機率 0.7

垃圾郵件中的出現機率 0.3

一般郵件中的出現機率 0.4

一般郵件中的出現機率 0.4

一般郵件中的出現機率 0.3

一般郵件中的出現機率 0.7

親愛的○○○

一直以來，承蒙您的關照。
恕我冒昧，不曉得您是否正在尋求
邂逅 呢？
現在馬上透過下列網址登記報名，
就能與邂逅相逢，獲得精美 禮品。
報名完全 免費。
一起讓 經濟 漸漸運轉起來吧！還
請您評估考慮。

檢測詞	垃圾郵件	一般郵件
邂逅	0.6	0.4
禮品	0.6	0.4
免費	0.7	0.3
經濟	0.3	0.7

分類郵件資訊
會在辨識
新郵件時使用

收信匣的郵件比例
垃圾郵件 70%：一般郵件 30%

事前機率
收信匣中「垃圾郵件」
與「一般郵件」的
比例設為7：3

原因
內含上述
詞彙的郵件是
「垃圾郵件」的機率

透過貝氏定理（➡P190）
算出原因

**判定為
垃圾郵件**

0.84 > 0.16

原因
內含上述詞彙的郵件是
「一般郵件」的機率

Q 中獎率3%的「遊戲轉蛋」，抽100次的中獎機率為何？

| 約60% | or | 約95% | or | 100% |

在最近的遊戲裡，透過名為「轉蛋」的抽獎系統獲得想要的物品時，有些會顯示可取得該道具的機率。那麼要得到「抽中機率3%的道具」，只要抽100次轉蛋就確保一定能獲得嗎？

　　在統計上，我們可以根據機率論來分析單一事件發生的容易度。下面我們試著思考一下對抽中遊戲中的**「轉蛋」的預期心理**。其實這種「轉蛋」跟現實世界的抽獎不太一樣。普通的抽獎指的是類似在箱子裡放入100張紙，裡頭有些紙籤寫上「中獎」的遊戲。只要抽得愈多，箱子內的籤就會愈少，抽中的機率也就愈大。若是100張裡有3

遊戲轉蛋的抽中機率

抽2次中獎機率3%的轉蛋時

$$1 - \left(\frac{97}{100}\right)^2 = 5.91 \, (\%)$$

抽100次中獎機率3%的轉蛋時

$$1 - \left(\frac{97}{100}\right)^{100} = 95.24 \, (\%)$$

總機率　　100次連續　　至少抽中
　　　　　槓龜的機率　　一次的機率

抽獎

中獎機率緩慢提升

按次計算的中獎機率

1	3.0000%
2	5.9100%
3	8.7327%
4	11.4707%
50	78.1935%
51	78.8477%
52	79.4822%
53	80.0978%
97	94.7898%
98	94.9461%
99	95.0977%
100	95.2447%

張中獎，那總有抽中的一天。

另一方面，遊戲上的「轉蛋」機制是**再怎麼抽都不會減少獎池內的品項總數，獎品單純依其公布的中獎機率出現**。乍看之下，中獎機率1%會讓人覺得跟一般抽獎一樣，只要抽100次就必定中獎，但轉蛋這種東西，**就算抽100次也有可能全數槓龜**。

讓我們試著計算看看實際的中獎機率。在這種機制下的轉蛋，計算時會將關注焦點放在沒中獎的機率上。

如果中獎機率是 $\frac{3}{100}$（3%），那麼沒中獎的機率就是 $\frac{97}{100}$（97%）。第一次抽中機率是3%。兩次連抽時的計算方式，是先計算兩次連續槓龜的機率（ $\frac{97}{100} \times \frac{97}{100}$ ），再從總機率「1」減掉槓龜機率，得到的5.91%為「至少抽中一次的機率」。像這樣計算下來，可算出「連續抽100次後，至少抽中一次的機率」大約是95%。

66

圖表有可能
誤導觀看者嗎？

只要**操縱圖表的外觀**，就能讓圖表
帶給別人**期望的印象**！

　　圖表是讓觀看者一眼就能掌握數據的方便工具。但我們也必須小心那些容易閱讀的圖表。

　　圖表的外觀印象對數據資料的了解影響很大。即使資料本身沒有問題，但只要稍微在繪製圖表時下點工夫，就有可能誤導人們。下面來看看四種代表性案例。

　　第一種是**圓餅圖中心點偏移**〔**右圖** 1 〕。因為圓餅圖的比例是以面積來表示的，所以一旦中心點偏離，就會改變各項目的面積大小，面積帶來的印象將比數值要來得大。

　　第二種是**直接放大圖表上的圖示**〔**右圖** 2 〕。譬如在B的數據為A的3倍時，讓B的圖案大小也變成A的3倍，這麼一來面積就會變成了9倍。

　　第三種是**折線圖的縱軸幅寬不一致**〔**右圖** 3 〕。幅寬較大的地方，數值看上去也會更大。而且還要留意像右上角箭頭這樣添加不必要表現的圖表。

　　第四種是**只截取長條圖縱軸的上半部，改變長度幅寬的圖表**〔**右圖** 4 〕整體來看，會使變化小的圖表看起來變化很大。

要注意不正確的圖表！

▶ 這些圖表哪裡不對？

左邊是正確的圖表，右邊是令人誤會的圖表。

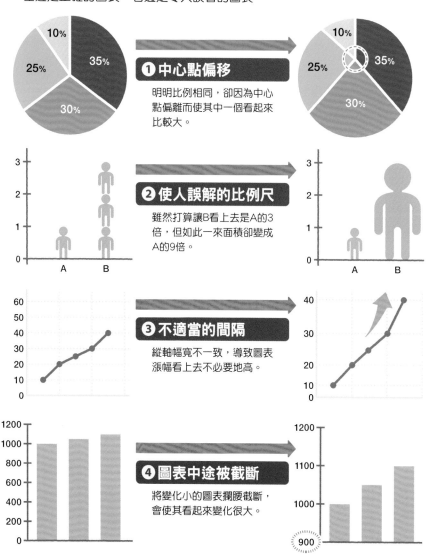

❶ 中心點偏移

明明比例相同，卻因為中心點偏離而使其中一個看起來比較大。

❷ 使人誤解的比例尺

雖然打算讓B看上去是A的3倍，但如此一來面積卻變成A的9倍。

❸ 不適當的間隔

縱軸幅寬不一致，導致圖表漲幅看上去不必要地高。

❹ 圖表中途被截斷

將變化小的圖表攔腰截斷，會使其看起來變化很大。

67 [素養] 為什麼統計資料會與現實有偏差？

原來如此！ 「框架效應」和「選樣偏差」使統計數據偏離現實！

即使是乍看之下公正的統計數據，也有可能與現實有所偏差。下面我們看看兩個例子。

第一個案例：在一項有關賭博的意向調查中，當被問及對「賭博罪必將廢除」和「賭博罪是出於無奈」兩者贊同哪方意見時，受訪者約有10%選擇前者，後者則是80%左右。

其實在這類調查中，**聽起來語氣很強烈的選項往往不受歡迎**。在這個問題上認為「不知道／不能一概而論」的人可能會避開語氣強烈的選項，湧向模稜兩可，語氣較弱的選項。只要更改提問項目，或許

▶結果會依提問項目而改變？〔圖1〕

如果選項有強弱之分，就有可能導向不同的結論。

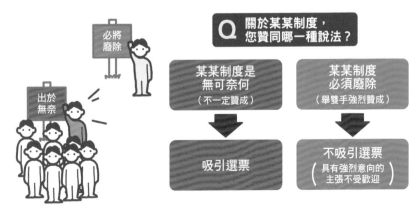

必將廢除

出於無奈

Q 關於某某制度，您贊同哪一種說法？

某某制度是無可奈何（不一定贊成） → 吸引選票

某某制度必須廢除（舉雙手強烈贊成） → 不吸引選票（具有強烈意向的主張不受歡迎）

就能產生不一樣的結果〔**圖1**〕。這種**「調查結果會依提問方式不同而改變」**的現象，用心理學術語來說便是「框架效應」。

第二個例子：2016年，在英國舉行公投脫歐之際，大部分的民意調查都預測留歐派將取得勝利。然而結果是約有51.7%的票數都選了脫歐。這個結果的偏差，是因**抽選偏頗樣本（受訪者）**而生。

在內閣支持率等民意調查中，意見強烈的人多半會有較積極回答的傾向。但那些不關心議題的人卻不會熱心參與調查。因此這種情況有可能是那些不關心議題的群體被排除在調查外所導致〔**圖2**〕。

綜上所述，**調查受訪者無法正確代表母體時的偏差稱為「選樣偏差」**。在統計上，充分確認該調查的受訪者是否有遺漏部分群體也很重要。

▶ 注意樣本偏誤〔**圖2**〕

在實際的抽樣調查中，受訪者無論如何都會有所偏差，進而影響結果。

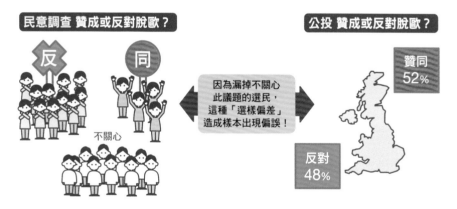

民意調查 贊成或反對脫歐？

反　同

不關心

因為漏掉不關心此議題的選民，這種「選樣偏差」造成樣本出現偏誤！

公投 贊成或反對脫歐？

贊同 52%

反對 48%

還想知道更多！統計學的種種知識　**第3章**

Q 在40人的班級裡，有人同天生日的機率是多少？

| 約10% | or | 約30% | or | 約90% |

新的一年，進入新的班級。全班人數40人。在自我介紹時，發現有兩個人同一天生日，全班同學都很驚訝。實際上，40人裡有人生日同一天的機率是多少呢？另外，一年設定為365天。

七嘴…　請安靜…　在你們之中，有兩個人是同一天生日…　八舌…

　　雖然統計上可以根據機率論推測單一事件的發生機率，但我們經常會因直覺而出錯。在上述問題中，可用**「總機率＝1」**減去**「沒有任何人同一天生日」**來算出「至少有兩人同一天生日」的機率。

　　「沒有任何人同一天生日」將以下列方式運算。假設有一名學生A跟學生B，學生B的生日跟A不一樣的組合有364種，A跟B生日不同

40人裡有人同一天生日的機率 〔圖1〕

$$1 - \frac{364}{365} \times \frac{363}{365} \times \frac{362}{365} \times \cdots \times \frac{326}{365} = 0.891\,(89.1\%)$$

總機率為　　　沒有人　　　第3人　第4人　　　　第40人
1（100%）　　同一天生日的
　　　　　　機率（第2人）

天的機率是 $\frac{364}{365}$ 。接下來，學生C的生日與A和B都不一樣的組合有 363種，三個人的生日均不同天的機率是 $\frac{363}{365}$ ……以此類推，**將40人「每個人生日都不一樣的機率」相乘起來。**

計算結果顯示，在40人的班級裡有同一天生日的人的機率是 89%左右。這機率相當高呢〔圖1〕。

上述問題並非某一位特定人士和其他39人中任意一人同一天生日的機率。與指定人士生日同一天的機率可用別的公式來計算，其機率約有10%〔圖2〕。

「若想至少有一組同一天生日的人，就必須有183人，也就是一年365天的一半才行」，雖然人們多半會這麼認為，但上述違背這種直覺的機率很高。因此這個問題也被稱作**「生日悖論」**。

40人中，有人與A同學同一天生日的機率 〔圖2〕

扣除A同學的全班人數

$$1 - \left(\frac{364}{365}\right)^{39} = 0.1015\,(10.1\%)$$

總機率為　　　沒有人與A同學
1（100%）　　同一天生日的機率

68 [素養] 統計是會被既有思維影響的東西？

原來如此！ 觀察統計資料時，須注意
「先入為主的觀念」與「其他綜合因素」！

　　在某些條件下的統計數據，有時也未必是世上的真實情況。下面我們先來看一看這兩個例子。

　　第一個例子。2015年曾做過一項民意調查，調查「跟五年前比起來，您認為青少年的重大犯罪事件是否有所增加」。對於這個提問，回答「增加」的受訪者比例為78.6%，比上一次調查（2010年）的75.6%還高。

　　然而實際上，青少年犯罪自從2003年達到近期高峰以來就一直呈現下降的趨勢，而且還不斷更新戰後最少犯罪的紀錄。造成這種結果的原因是「既有思維」。過去的確有一段時間青少年犯罪率很高。

▶青少年犯罪率增加？〔圖1〕

實際上明明是減少了，卻以為有增加，這種根深蒂固的觀念對調查造成影響。

Q 您認為青少年犯罪是否在增加？

- 減少2.6%
- 不變 16.8%
- 增加 78.6%

既有思維
無法
反應真實情況

實際的青少年刑事犯人數

14萬4403人

青少年
刑事犯人數

2萬6797人

2003年　2017年

一方面，新聞報導傾向於播報「發生青少年犯罪事件」而不是「青少年犯罪事件減少」，這些報導更容易留在人們的印象之中。因此我們可以推論道，至今仍有許多人抱持一個**先入為主的觀念**，認為「青少年犯罪大量發生」，從而影響到民意調查的結果〔**圖1**〕。

第二個例子。美國曾發表一份報告認為左撇子早夭者多，報告中提到，比起平均壽命75歲的右撇子來說，左撇子的平均壽命為66歲，實際足足少了九年之多。其實可以說是這項調查摻雜了一些**「其他因素」**，這些因素不同於調查人員原本打算了解的要因，才會產生出這樣的數值（其他綜合因素）。其他因素指的是**以前左撇子被矯正成右撇子的歷史背景所帶來的影響**。因此在調查中，上一輩的左撇子極為稀少，下一輩的左撇子人數則大量提升。換言之，因為左撇子的人都很年輕，所以一旦出現左撇子的死亡案例，自然就會壓低左撇子的平均壽命〔**圖2**〕。

像這樣思考調查背後所隱藏的情況，在統計上是很重要的。

▶ 左撇子壽命真的比較短嗎？〔**圖2**〕

由於並未排除其他因素，因此有可能得到左撇子壽命較短的結論。

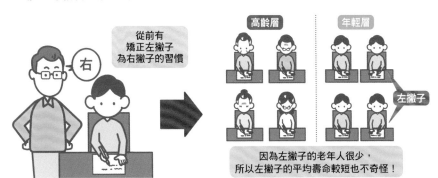

從前有矯正左撇子為右撇子的習慣

高齡層　　年輕層

左撇子

因為左撇子的老年人很少，
所以左撇子的平均壽命較短也不奇怪！

69 [素養] 如何避免
被統計數據欺騙？

原來如此！ 要具備批判性的眼光、讀懂發表人的意圖……
請掌握這**五個要點**！

正如各位在第200頁～第207頁所見，統計數據並不總是符合現實狀況。因此在觀察統計資料時，請大家留意以下五點〔**右圖**〕。

「批判性地閱讀」…人們多半認為書本或統計資料中的內容都是真實且可信的。不被統計瞞騙的重點，在於不要對報導照單全收，而是在閱讀的同時仔細探究。

「用辯證法思考」…所謂的辯證法，是指一種從對立的意見了解事物的辦法。比如否定「左撇子短命」報導的假說，像是有沒有辦法從數字上導出「右撇子才短命」的結論……諸如此類的動腦思考也很重要。

「讓常識發揮作用」…例如「左撇子短命」的報導，就是一種「違背至今為止的常識」的內容。重要的是，對於與自己的常識相悖的統計資料要謹慎且客觀地閱讀。

「站在發表人的立場思考」…想像發表統計報導的人有什麼意圖也有助於磨練素養。

「想一想5W1H」…就算是在看統計數據時，也要考量其中的「5W1H」，像是誰做了什麼樣的統計、資料出自哪裡等問題，這會對看清真相很有幫助。

觀察統計資料時要運用常識

▶ 閱讀統計數據時的五個重點

意識到這五個要點，「批判性地閱讀」報導很重要。

❶ 批判性地閱讀

別對統計資料照單全收！

❷ 用辯證法思考

預設其內容並非事實並動腦思考。

❸ 讓常識發揮作用

能判斷內容「違背了常識！」很重要。

❹ 站在發表人的立場

設想發表人的目的是什麼。

❺ 想一想5W1H

When 何時	Where 何地	Who 何人
What 何事	Why 何因	How 如何

Who …… 誰做的統計？

What …… 這份統計在分析什麼？

Where …… 統計資料的出處為何？

When …… 這是在何時、以何脈絡發表的統計資料？

Why …… 統計的目的是什麼？

How …… 分析方式在統計上是否適當？

「統計學」的起源為何？
統計學歷史

（德）
Statistik

艾肯沃

寸多知寸知久

杉亨二

統計

柳河春三

「統計學」這個詞是什麼時候發明的呢？

「統計學」是18世紀的新創詞彙，英文為statistics，德文則寫作Statistik。Statistik（統計）一詞是由18世紀德國的政治學家艾肯沃（Gottfried Achenwall）所命名。艾肯沃是「國勢學（Staatskunde）」的最高權威，這種學問專門觀察並記錄各國的國力情勢，據說他在其著作中**使用「Statistik」一詞作為國勢學的別名**，自此才開始使用這個詞彙。

如果說Statistik這個詞最初有「國勢學」的意思，給人的印象就與現代「統計學」大相逕庭了。那麼這個詞彙是在什麼時候，又是如

何演變成現在的「統計學」意義呢？

在歐洲，除了國勢學以外，還存在另一門名為**「政治算術」**的學問。政治算術是一種透過數據資料了解國家或社會的學問。以「掌握國家真實狀況」為目的，具有類似目的的國勢學終究與政治算術合併，留下Statistik知名的同時，形成現代統計學的基礎。

杉所造漢字

寸多知矢

杉亨二為Statistik的日文翻譯所創造的漢字。

另一方面，日本又是出於什麼原因才將這個詞翻譯成「統計」的呢？**「統計」是日本幕末至明治時代新創的詞語**，翻譯這個詞的人是開成所（洋學研究教育機構）的教授柳河春三。當時Statistik這個單字在日本是以中文翻譯成**「國紀（國記）」**或**「統紀（統記）」**，有人認為「統計」就是從中衍生出的新創詞。柳河似乎還留下了這樣的註記：「我認為這個譯詞還不夠完整，但也只能暫且這麼稱呼」。

當初Statistik一詞曾有許多不同的日文翻譯，像是「政表」、「國勢」等。在日本推廣統計的杉亨二甚至沒有勉強去翻譯，而是自己創造了**「寸多知寸知久（Statistik）」**這個漢字〔**上圖**〕。「Statistik」等於「統計」，人們還曾經為這樣的翻譯是否妥當而引發爭論。

不過明治4（1871）年時，「統計司」被用作日本政府機關的名稱，結果促使「統計」這個譯詞紮根下來，一直延續到現代。

※參考《為什麼「Statistics」是「統計」？統計譯詞確定之前的經過與森鷗外》（日本總務省統計局）（https://www.stat.go.jp/info/today/136.html）撰寫。

意外地悠久

統計學的重大歷史事件

接下來介紹的是統計與機率如何誕生，以及其應用在社會上的一些重大發現歷史。

西元前 **3050**年左右　**人口調查（埃及文明）**
為了建造金字塔而舉行人口調查。

西元前**86**年左右　**人口調查（日本）**
《日本書紀》中記載「為了科徵調稅（繳納產品等實物的稅收）而做了人口調查」。

西元前**1**年左右　**羅馬帝國實施國勢調查**
開國皇帝奧古斯都舉行人口調查，以掌握服兵役者和徵稅的情形。

1560年代　**卡丹諾提倡機率論**
身為義大利數學家兼醫生的卡丹諾（Girolamo Cardano）在其著作《論機遇遊戲（Liber de Ludo Aleae）》中有系統地提到了機率論。

1654　**帕斯卡與費馬的書信往來（➡P156）**
法國哲學家帕斯卡和法國數學家費馬在議論擲骰問題時，從中確立機率論的基礎。

1662　**葛蘭特分析死亡率**
英國商人葛蘭特透過教會的死亡紀錄分析人們的死亡率，發現了人口遷移的規律性。

1689　**柏努利提出大數法則（➡P114）**
瑞士數學家柏努利（Jacob Bernoulli）於研究機率論時發現這套理論。

1690 佩提發表《**政治算術**》

英國經濟學家佩提運用統計，以「國力」的形式來衡量英國人口及經濟現狀，同時也預測了未來人口數量。

1693 哈雷發明**生命表**

英國天文學家哈雷（Edmond Halley）依據德國布雷斯勞（Breslau）地區居民的出生與死亡統計數據建立生命表，並發明用生命表算出壽險費用的計算方式。

1713 柏努利解析**二項分配**

1721 德川吉宗進行**全國人口調查**

1730年左右 **德莫弗**發現**常態分布**

據說想出常態分布理論的人是法國數學家德莫弗（Abraham de Moivre）。

1763 貝葉斯發表**貝氏定理**（➡P190）

英國牧師兼數學家貝葉斯在一篇論文中發表該定理。

1786 普萊菲發明**長條圖**、**折線圖**等圖表

除此之外，英國數學家普萊菲（William Playfair）還設計出了圓餅圖。

1790 **美國**實施**首次人口普查**

1798 馬爾薩斯發表《**人口論**》

英國數學家馬爾薩斯（Thomas R. Malthus）的著作中記載了人口增長對社會的影響。

1801 **英國**實施**首次人口普查**

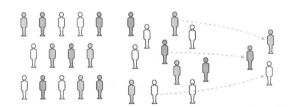

1809 高斯確立**常態分布理論**

德國數學家兼天文學家高斯建立了一套理論，表示天文觀測的測量誤差會遵照常態分布來呈現。

1812 拉普拉斯發表《**機率的分析理論**》

法國數學家兼天文學家的拉普拉斯（Pierre-Simon Laplace）將至今為止的機率論整合起來，匯總成古典概率論。

1835 凱特勒發表「**平均人**」概念

比利時統計學家兼天文學家的凱特勒（Adolphe Quetelet）在自身《論人（*Sur l'homme*）》一書裡觀察人類及其生活等樣貌，並從觀測值的平均值推導出典型的人類形象。

1838 卜瓦松發表**卜瓦松分布**（➡P174）

法國數學家卜瓦松從機率論的研究中導出這套理論。

1853 召開**第一屆世界統計大會**

為使各國的統計資料具有可比性，建議各國政府統一度量衡，並設立統計學會。

1854 史諾揭露**霍亂傳染源**（➡P46）

英國醫生史諾在發生霍亂之災的寬街（Broad Street）徹底查出傳染源。

1858 南丁格爾發明**南丁格爾玫瑰圖**（➡P164）

1860 《**萬國政表**》翻譯、出版

福澤諭吉等人翻譯並出版西方統計書《萬國政表》。

1869 高爾頓提出**相關概念**

英國遺傳學家高爾頓在著作中引進回歸平均及相關的改念。

1871 設立**政表課**（日本）

作為明治政府的官廳設立，是現在日本總務省統計局的前身。

1872 實施**戶口調查**（日本）

明治政府所辦理的全國人口調查。

1885 設立**國際統計學會**

1889 **日本第一份生命表**製成

由東京帝國大學的藤澤教授繪製，受到人壽保險公司的運用。

1895~ 皮爾森設計**直方圖**等統計方法
英國統計學家皮爾森除了設計直方圖外，還規劃出相關係數等理論。。

1902 官方**首次繪製生命表**（日本）
實業家矢野恒太受日本內閣統計局的委託所作。這是日本第一份官方完整生命表，被運用在國家基礎統計上。

1920 日本實施
第一屆國勢調查

1925 費雪發表**推論統計的理論**
英國統計學家費雪在其著作《研究者的統計方法（*Statistical Methods for Research Workers*）》中將推論統計的理論公式化。

1933 奈曼與皮爾森合作整理**假設檢定的步驟**
波蘭統計學家奈曼與英國統計學家皮爾森共同研究出假設檢定的推論方法。

1935 費雪發表《**實驗設計**》
利用統計學手法，對實驗方法進行有效設計與分析的研究，規劃出實驗設計法。

1936 吉尼發明**吉尼係數**（➡ P28）
義大利統計學家吉尼以羅倫茲曲線為本，為呈現收入不平等所發明的理論。

1947 制定**統計法**（日本）
有關製作與提供官方統計的法律。

1948 **隨機對照試驗的臨床實驗**報告（➡ P180）

1977 圖基提出**箱形圖**
出自美國數學家及統計學家圖基（John W. Tukey）的著作。

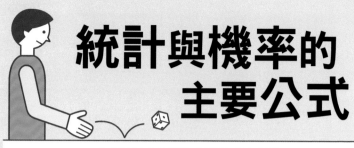

統計與機率的主要公式

介紹統計上使用的主要公式和定理。

平均值公式 〔➡ P98～99〕

x = 變數
w = 權重
n = 資料值數量

加權平均公式

為各個項目添加權重後再計算平均值的辦法。

$$平均值 = \frac{x_1 w_1 + \cdots + x_n w_n}{w_1 + w_2 + \cdots + w_n}$$

算數平均公式

將所有數值的總和除以資料值數量所算出來的數值。

$$平均值 = \frac{x_1 + x_2 + \cdots + x_n}{n}$$

幾何平均公式

計算變率平均值時使用。

$$平均值 = \sqrt[n]{x_1 \times x_2 \times \cdots \times x_n}$$

調和平均公式

求每單位量的平均值時使用。

$$平均值 = \frac{n}{\dfrac{1}{x_1} + \dfrac{1}{x_2} + \cdots + \dfrac{1}{x_n}}$$

變異數和標準差的算法 [→ P103]

將變異數與標準差的分散程度數值化的算式。

離差　　　　 ＝ 資料值 － 平均值

離差平方和　 ＝（離差1）^{2} ＋（離差2）^{2} ＋ …

變異數　　　 ＝ 離差平方和 ÷ 資料值數量

標準差　　　 ＝ $\sqrt{\text{變異數}}$

標準化變數與偏差值的算法 [→ P105]

x ＝ 變數
$\bar{x}$ ＝ 平均值
σ ＝ 標準差

標準化變數將平均值與標準差綜合計算，以方便比較多項數據。偏差值是這套概念的應用。

標準化變數

$$= \frac{x - \bar{x}}{\sigma}$$

偏差值

$$= 50 + 10 \times \frac{x - \bar{x}}{\sigma}$$

中央極限定理 [→ P117]

該定理指出，不管母體的分布呈現什麼樣貌，只要樣本量夠大，樣本平均數的分布便會逐漸接近常態分布。

從平均數 μ、變異數 σ^2、標準差 σ 的母體

提取樣本量 n 的樣本時，

不管原本母體的圖表形狀為何，隨著 n 數值的增加，

平均數 μ、變異數 $\dfrac{\sigma^2}{n}$、標準差 $\dfrac{\sigma}{\sqrt{n}}$ 的常態分布。

機率算法 [→P141~143]

機率算法 [→P141] 把發生單一事件的方法數除以全事件的方法數來計算。

$$P(A) = \frac{\text{A發生的方法數（事件A）}}{\text{所有可能發生的方法數（全事件U）}}$$

餘事件的機率算法 [→P141] 餘事件是事件不發生的機率，該數值以全事件減掉事件發生機率來計算。

$$P(\bar{A}) = 1 - P(A)$$

加法定理 [→P142] 計算事件A或事件B發生機率的方法。

（假設事件A、B不互斥）
$$P(A \cup B) = P(A) + P(B) - P(A \cap B)$$

（假設事件A、B互斥）
$$P(A \cup B) = P(A) + P(B)$$

乘法定理 [→P142] 事件A發生後，事件B也緊接著發生的機率算法。

（假設事件A、B不獨立）
$$P(A \cap B) = P(A) \times P(B \mid A)$$

（假設事件A、B獨立）
$$P(A \cap B) = P(A) \times P(B)$$

條件機率 [→P143] 以事件A會發生為前提，發生別的事件B的機率。

$$P(B \mid A) = \frac{P(A \cap B)}{P(A)}$$

方法數的算法 [➡ P132～133]

加法法則公式

m種事件與n種事件
至少發生一件的機率

= **m + n** 種

乘法法則公式

p種事件及q種事件
同時發生的機率

= **p × q** 種

排列的公式

從不同的n裡依序選出r個選項，將這些選項全部排列起來的
順序共有nPr種。

$$_n\mathrm{P}_r = \frac{n!}{(n-r)!}$$

組合的公式

從不同的n裡選出r個，將這些選項全部組合起來的方式共有
nCr種。

$$_n\mathrm{C}_r = \frac{n!}{r!(n-r)!}$$

共變異數、相關係數算法 [➡ P151]

x 與 y = 變數
$\bar{x}$ 與 $\bar{y}$ = 平均值
n = 觀測值數量

共變異數和相關係數是表示兩個變數之間相關關係的數值。

共變異數

$$= \frac{(x_1-\bar{x})(y_1-\bar{y})+(x_2-\bar{x})(y_2-\bar{y})+\cdots+(x_n-\bar{x})(y_n-\bar{y})}{n}$$

相關係數 = $\dfrac{共變異數}{x的標準差 \times y的標準差}$

索引

参考文献

佐々木彈《算数からはじめて 一生使える確率・統計》（河出書房新社）

佐々木彈《統計は暴走する》（中央公論新社）

涌井良幸、涌井貞美《統計学の図鑑》（技術評論社）

熊原啓作、渡辺美智子《身近な統計 改訂版》（放送大学教育振興会）

栗原伸一、丸山敦史《統計学図鑑》（オーム社）

《Newton別冊 統計と確率 改訂版》（ニュートンプレス）

《Newton別冊 ゼロからわかる統計と確率》（ニュートンプレス）

ハンス・ロスリング、アンナ・ロスリング・ロンランド《FACTFULNESS》（日経BP）

渡辺美智子監修《今日から役立つ統計学の教科書》（ナツメ社）

西内啓《統計学が最強の学問である》（ダイヤモンド社）

浅野晃《社会人1年生のための統計学教科書》（SBクリエイティブ）

大上丈彦《マンガでわかる統計学》（SBクリエイティブ）

本丸諒《世界一カンタンで実戦的な 文系のための統計学の教科書》（ソシム）

涌井良幸、涌井貞美《図解 使える統計学》（KADOKAWA／中経出版）

上野充、山口宗彦《図解・台風の科学》（講談社）

ダレル・ハフ《統計でウソをつく法―数式を使わない統計学入門》（講談社）

Prakash Gorroochurn《確率は迷う 道標となった古典的な33の問題》（共立出版）

ジェフリー・S・ローゼンタール《それはあくまで偶然です 運と迷信の統計学》（早川書房）

総務省統計局「なるほど統計学園」
https://www.stat.go.jp/naruhodo/

「政府統計の総合窓口」
https://www.e-stat.go.jp

監修者 **佐々木彈**

東京大學社會科學研究所教授。在普林斯頓大學取得博士學位（經濟學）後，曾在哥本哈根大學、墨爾本大學及艾希特大學任教，2009年起於東京大學社會科學研究所擔任現職。每年都會舉辦專屬研究人員的統計學講座。主要著作有《一生受用的統計學思維》（楓葉社文化）、《統計失控（暫譯）》（中央公論新社）等。

執筆協助	入澤宣幸
插圖	桔川 伸、堀口順一朗、北嶋京輔、栗生ゑゐこ
設計	佐々木容子（カラノキデザイン制作室）
編輯協助	堀內直哉

ILLUST & ZUKAI CHISHIKI ZERO DEMO TANOSHIKU YOMERU!
TOUKEIGAKU NO SHIKUMI
supervised by Dan Sasaki
Copyright © 2021 Naoya Horiuchi
All rights reserved.
Original Japanese edition published by SEITO-SHA Co., Ltd., Tokyo.

This Traditional Chinese language edition is published by arrangement with SEITO-SHA Co., Ltd., Tokyo in care of Tuttle-Mori Agency, Inc.

圖解有趣的生活統計學
零概念也能樂在其中！真正實用的統計學知識

2022年1月1日初版第一刷發行

監　　修	佐々木彈	
譯　　者	劉宸瑀、高詹燦	
編　　輯	曾羽辰	
特約美編	鄭佳容	
發 行 人	南部裕	
發 行 所	台灣東販股份有限公司	
	＜地址＞台北市南京東路4段130號2F-1	
	＜電話＞(02)2577-8878	
	＜傳真＞(02)2577-8896	
	＜網址＞http://www.tohan.com.tw	
郵撥帳號	1405049-4	
法律顧問	蕭雄淋律師	
總 經 銷	聯合發行股份有限公司	
	＜電話＞(02)2917-8022	

著作權所有，禁止轉載。
購買本書者，如遇缺頁或裝訂錯誤，
請寄回調換（海外地區除外）。
Printed in Taiwan.

國家圖書館出版品預行編目(CIP)資料

圖解有趣的生活統計學：零概念也能樂在其中!真正實用的統計學知識/佐々木彈監修；劉宸瑀, 高詹燦譯. -- 初版. -- 臺北市：臺灣東販股份有限公司, 2022.01
224面；14.4×21公分
ISBN 978-626-304-988-8(平裝)

1.統計學 2.通俗作品

510　　　　　　　　　　110019930